suhrkamp taschenbuch 2395

W0194447

Obwohl das Boxen brutal, unvernünftig, im Grunde wahnsinnig und absolut primitiv ist, und obwohl jeder Schlag im Drama eines Profiboxkampfes
eine Tabuverletzung darstellt, hat dieser exklusive Männersport seit je eine
große Faszination auf Künstler und Schriftsteller ausgeübt. Einer davon ist
Bertolt Brecht, der den Zweikampf und die Boxer im Berlin der 20er Jahre
kennenlernt. Der Kampf ist eine ganz zentrale Metapher in den Texten des
jungen Brecht, der Boxkampf eine beliebte literarische Transformation, die
sich seit den Augsburger Jahren durch sein gesamtes Werk zieht. Am
inszenierten Boxkampf entdeckt Brecht große dramatische Qualitäten. Der
Ring als magisches Quadrat der Männlichkeit wird von ihm vorbehaltlos
als ein der Bühne ebenbürtiger Handlungsraum gewürdigt, das kundige
Sportpalastpublikum gilt ihm oft mehr als die interesselose Menge im
Parkett des Schauspielhauses. Daß Brecht ein Fachmann in Sachen Faustkampf war, machen die hier zusammengestellten Texte deutlich.

Bertolt Brecht, geboren am 10. Februar 1898 in Augsburg, stirbt am 14.
August 1956 in Berlin. Sein Werk im Suhrkamp Verlag ist ab Seite 167
verzeichnet.

Bertolt Brecht
Der Kinnhaken

und andere Box-
und Sportgeschichten

Herausgegeben und mit
einem Nachwort von
Günter Berg

Suhrkamp

Umschlagfoto:
Bertolt Brecht mit dem Boxer Paul Samson-Körner
© Ullstein-Bilderdienst

suhrkamp taschenbuch 2395
Erste Auflage 1995
© dieser Zusammenstellung Suhrkamp Verlag Frankfurt am Main 1995
Quellenhinweise am Schluß des Bandes
Suhrkamp Taschenbuch Verlag
Alle Rechte vorbehalten, insbesondere das
des öffentlichen Vortrags, der Übertragung
durch Rundfunk und Fernsehen
sowie der Übersetzung, auch einzelner Teile.
Satz: Hümmer GmbH, Waldbüttelbrunn
Druck: Nomos Verlagsgesellschaft, Baden-Baden
Printed in Germany
Umschlag nach Entwürfen von
Willy Fleckhaus und Rolf Staudt

1 2 3 4 5 6 – 00 99 98 97 96 95

Inhalt

Der Kinnhaken

Nach einem Großkampfabend im Sportpalast saßen einige Leute, mit mir im ganzen vier, immer noch in relativ blutrünstiger Stimmung, bei einem Glas Bier in einer Bierquelle Potsdamer Straße, Ecke Bülowstraße, und einer, ein Professionalboxer, erzählte die lehrreiche Geschichte vom Untergang Freddy Meinkes, des »Kinnhaken«.

»Freddy«, erzählte der Mann, heftig schielend und mit einem Ellenbogen in einer Bierlache ausruhend, »Freddy stand vor zwei Jahren vor der Chance seines Lebens. Freddy hieß natürlich Friedrich. Aber er war ein halbes Jahr drüben gewesen, übrigens ein ziemlich dunkles halbes Jährchen, über das er auf gar keinen Fall sprechen wollte, und da hatte er außer einigen völlig unbekannten Namen auf seiner Rekordliste und zwei bis drei Dollarnoten, die er mitunter wie aus purer Vergeßlichkeit aus seiner Hosentasche zog, hauptsächlich den Vornamen Freddy mitgebracht.

Er boxte unter diesem Kosenamen als Freddy einige Monate in kleineren Städten wie Köln und so in der Provinz herum, und dann hieß er plötzlich ›der Kinnhaken‹ und hatte einen erstklassigen Namen.

Als wir ihn hier zum ersten Male in Sicht bekamen, grinsten wir zuerst nicht wenig über die Art, wie er seinen Start aufzog, sich fotografieren ließ und ein direktes Damenhöschen anhatte, lila. Es war das Koketteste, was Sie je in einem Ring sehen konnten, Herr. Er ging herum wie auf dem Theater. Aber dann machte er seinen Mann in der ersten Runde k. o., und zwar vermittels eines Kinnhakens, der sich gewaschen hatte. Sie wissen übrigens doch, daß er Bantam war? Diese Leute haben im allgemeinen keinen Schlag, und Freddy war noch dazu eine ganz besonders windige Erscheinung, wenn man ihn so sah. Aber dann hatte er plötzlich ein Tempo wie ein Propeller und dazu ein Hineingehen wie mit fünfzig Pferdekräften, und am Schluß war der ganze Mann wirklich ein einziger Kinnhaken.

Als wir danach beisammensaßen und ihm die Schulter und den Rücken fast kaputt klopften, sagte er, es sei lediglich eine Folge von Sichzusammennehmen. Man könne nur dann wirklich ungemütlich werden, wenn man genau wüßte, daß man sich auf jeden Fall in der Hand hätte. Er selbst müsse von Anfang an das Gefühl haben, daß er nicht an einen Mann hinschlage, sondern durch ihn durch, und daß also die Hand durch so eine Sache wie ein Kinn überhaupt nicht aufgehalten werden kann. Solche Sachen sagte er noch mehr, und jedenfalls war es gut für ihn, sie zu glauben, wie wir ja gesehen hatten. Er hatte an diesem Abend einen ausgewachsenen Erfolg und steuerte direkt auf den Meisterschaftskampf zu.

Uns allen schien es reichlich früh, als wir dann das Datum hörten, es war kaum acht Wochen später. Freddy schwamm flott in seiner Glückssträhne, er trainierte mit Wucht. Unter anderen suchte er als Trainingspartner sogar mich aus. Die Schnelligkeit schien er sowieso gepachtet zu haben, und meine dreißig Pfund Mehrgewicht waren ihm gerade genug, seinen unnatürlichen Schlag auszuprobieren. Trotzdem war er beim Training eine Enttäuschung. Es kam wahrscheinlich davon, weil er sich eben nicht so ›zusammennahm‹ und man ja auch nicht mehrere Wochen lang durch Leute ›hindurchschlagen‹ kann. Das hatte also nicht sonderlich viel zu bedeuten. Wichtiger aber war, daß er überhaupt soviel Sums machte. Es ging mich natürlich gar nichts an, wenn er sich ein Motorrad auf Abzahlung hinstellte und ausgerechnet in diesen

Tagen das Motorradfahren lernen wollte. Ich dachte mir, er hätte damit noch ruhig warten können. Aber wenn er sich auch noch eine Braut zulegte mit solider Verlobung und einem regelrechten Hausstand am Horizont, womöglich noch mit Nußbaumbetten und Bücherschrank, eine ganz dicke Sache, dann war das zweifellos zu weit gegangen. So einer, der in ein solches Riesenunternehmen wie eine Verlobung hineinstiefelt in einem Moment, wo seine Existenz doch einfach an einem Faden hängt, bringt es dann glücklich zustande, daß eine Unmasse und womöglich sein ganzes Lebensglück von irgendetwas abhängt, was doch immerhin noch erst kommen muß. So einer darf dann eben einfach nicht mehr verlieren. Aber ich sage Ihnen, Herr, wenn von etwas zuviel abhängt, dann ist die Sache schon faul. In einen Meisterschaftskampf sollte einer hineingehen wie ein Verkäufer in seinen Laden. Verkauft er was, gut. Verkauft er nichts, gibt es noch einen Ladenbesitzer für die schlaflosen Nächte. Nun, der Kampf war am 12. September.

Freddy war am 10. fertig mit dem Training, und am 12. abends 7 Uhr saßen wir in diesem Lokal, Freddy, ich und sein Manager, der dicke Kampe. Sie kennen ihn, dort drüben, da, wo der Mann mit dem Zahnstocher sitzt. In einer Stunde sollte die Sache steigen. Es war natürlich falsch, sich hier hereinzusetzen. Sie sehen ja, wie rauchig und dumpf diese Budike ist, aber Freddy hatte Lust dazu, und er hielt gar nichts von Leuten, die ihrer Lunge wegen auf jedes Märzlüftchen aufpassen mußten. Kurz und gut, wir saßen da in einem Dunst, durch den man mit einer Dampfsäge nicht gekommen wäre, und Kampe und ich bestellten ein Glas Bier, und daraus entwickelte sich in den fünfzehn Minuten, die uns noch blieben, jetzt eine höchst scheußliche Angelegenheit, die übrigens nur ich merkte. Freddy bekam Lust, ein Glas Bier zu trinken.

Er rief auch tatsächlich den Ober. Aber da fuhr Kampe dazwischen und sagte energisch, das sei heller Wahnsinn, jetzt vor dem Kampf; er könne eher Schuhnägel essen als Bier trinken.

Freddy murmelte ›Unsinn‹, ließ aber den Ober wieder weggehen. Für Kampe war damit die Sache erledigt, aber für Freddy war sie es nicht. Kampe sprach noch einmal alles, was er über Freddys Gegner Ungünstiges und Günstiges wußte, durch. Freddy las in einem Abendblatt. Ich hatte den Eindruck, daß er hinter seinem Anzeigenteil sich immer noch mit dem Bier beschäftigte, genauer gesagt, mit seinem Wunsch nach Bier.

Gleich darauf stand er auf und schlenderte an den Schenktisch hinter, Kampe bemerkte es gar nicht. Dort stand er eine Zeitlang, ohne sich übermäßig vorzudrängen, ein-, zweimal ließ er einen anderen und einmal einen Kellner vor. Dann nahm er mit einem ziemlich blöden Ausdruck einige Zigaretten, die er in die Westentasche steckte.

Als er an den Tisch zurückkam, sah er irgendwie verändert aus, er spielte mit den Zigaretten in der Westentasche und sah entsetzlich mürrisch aus. Er setzte sich aber wieder ganz ruhig hinter sein Achtuhr-Abendblatt. Jetzt fing ich an, ohne auf Kampes Redefluß zu achten, auf das Bier zu schimpfen. Ich weiß noch, ich sagte, es sei ein lauwarmes, ekelerregendes Gesöff, dem man seine zweifelhafte Herkunft aus irgendeiner Mistlache direkt anschmecke und in dem ein solider kleiner Typhus stecke. Freddy grinste.

Ich glaube, er war mit seinem Kampf gegen sich selbst ziemlich zu Ende. Es war ihm ganz unerträglich, daß er hier sitzen sollte und nichts trinken durfte, weil irgend etwas davon abhing, daß er nicht schlapp machte, und daß er doch Lust hatte, diese Typhuslache in sich hineinzubekommen, und zu schwach war, es einfach zu tun, wonach ihn unvernünftigerweise gelüstete, und daß er sich vor allem ärgerte, daß er diese Unvernunft hatte. Gleichzeitig sah er wahrscheinlich das Mädchen mit dem Verlobungsgesicht, die

Nußbaumbetten und den Bücherschrank, und er stand auf und zahlte.

Wir fuhren in einer Autotaxe schweigend zum Sportpalast.«

Als der Boxer mit seiner Erzählung so weit gekommen war, bemerkte er, daß sein Ärmel in einer Bierlache lag, und trocknete ihn mit dem Taschentuch. Obwohl wir uns alle schon über den Ausgang des Kampfes ziemlich klar waren, fragte ich dennoch der Vollständigkeit halber:

»Ja, und –?«

»Er wurde in der zweiten Runde k. o. geschlagen. Hatten Sie etwas anderes erwartet?«

»Nein, aber warum glauben Sie also, daß er k. o. geschlagen wurde?«

»Ganz einfach. Als wir das Lokal verließen, wußte ich, daß Freddy eine schlechte Meinung von sich bekommen hatte.«

»Das ist ziemlich klar«, sagte ich, »aber was sollte nach Ihrer Ansicht ein Mann in Freddys Lage machen?«

Der Mann trank sein Glas aus und sagte:

»Ein Mann soll immer das tun, wozu er Lust hat. Nach meiner Ansicht. Wissen Sie, Vorsicht ist die Mutter des k. o.«

Prärie

Oper nach Hamsun

*Hofraum einer Farm. Weiße, kahle, plattgedachte Mauern, links
seitlich, rechts seitlich und in der linken Hälfte des Hintergrunds.
Dort ein Loch als Tür und kleine Fenster: die Küche. Rechts davon
Ausblick auf die Prärie.*

I

Es ist Nachmittag gegen Abend.

ZACHÄUS *sitzt am Boden und schaut auf den Himmel.*

LIZZIE *wäscht links an einer Bank.*

ZACHÄUS Immer der blaue Himmel, der nur blau ist!
    Immer das verfluchte Gras! Die weiße Mauer!
    Und der Weizen, mit dem wir nie fertig werden!
    Gott, es ist so langweilig!
    Und meine Hand brennt auch, wie soll ich das aushalten!

LIZZIE Denk, es gibt sonst nichts
    als das Gras und den Himmel, der jetzt dann grün wird,
    und die Mauer, in der man schlafen kann
    wenn man gearbeitet hat
    wenn man den Weizen gemäht hat.
    Aber du tust nichts.

ZACHÄUS *empört:*
    Soll ich dir den Finger zeigen? *Hebt ihn im Glas hoch.*
    Ich liege also im Gras auf den Knien, öle die Maschine,
    die Sonne ist scharf und die Brille läuft von Schweiß an.
    Die Pferde ziehen an und ich spüre den Schmerz
    stehe auf und rufe und wir suchen den Finger
    der abgeschnitten ist und er liegt im Gras
    wie eine kleine Leiche.
    Und jetzt habe ich ihn in das Öl getan
    und ich hebe ihn auf, denn er ist von mir.
    Darum kann ich nicht arbeiten.

LIZZIE Schau ihn nicht immer an!
    Der Koch hat eine Zeitung.
    Wenn du Langeweile hast, lies sie!
    Der Koch liest sie alle Abend!

ZACHÄUS Es ist sein Heiligtum!

Er darf es nicht merken!

Aber das tue ich! *Geht in die Küche; kommt wieder, mit der Zeitung.*

2

Der Koch Polly von links. Er sieht Zachäus mit der Zeitung.

POLLY Ist das nicht meine Zeitung?

Die das Faultier Zachäus hat!

Hast du so etwas gesehen, Lizzie?

LIZZIE Ihm ist aber langweilig!

Da liest er eben die Zeitung.

Streitet nicht immer!

POLLY Willst du sofort das Blatt hergeben!

Aus deinen schmutzigen Pfoten!

Schwarzhaariger Räuber, Hund!

Hast du jemals einen Soldaten gesehen?

Oder wie ein Fort innen aussieht?

Nein, das weißt du nicht, weil du ein Affe bist.

Aber dann nehm dich nur lieber in acht

weiß Gott, nimm dich in acht!

ZACHÄUS *wütend:* Und was tust du? Bist du so großartig?

Du kochst rohes Essen, das niemand fressen kann!

Brotpudding mit Fliegen drin!

Du treibst es nicht mehr lange!

POLLY Halt dein Maul! Was verdienst du im Monat?

Hast du etwa Häuser in Washington

oder hat deine Kuh gestern gekalbt?

ZACHÄUS *wirft die Zeitung hin:*

Scher dich zum Teufel und nimm deine Zeitung mit!

Ich bin ein rechtschaffener Mann und hätte sie wieder

hingelegt!

Aber es steht so nur Schund drin!

POLLY Du bist ein Räuber und Faulpelz!

Du kannst überhaupt nicht lesen!

Du willst dich nur vor Lizzie groß machen!

Es ist lächerlich: Du und eine Zeitung!

ZACHÄUS *ruhig, drohend:* Jetzt kannst du gehen. *Heftig.*

Steh nicht da und spuck auf den Fußboden!

Du schmieriger Hund! *Ab.*

3

POLLY Es sei Schund drinnen! Weil er nicht lesen kann!
  Er hat keine Zeitung! Es ist lächerlich!
  Ich drehe ihm den Hals um, gelegentlich.
LIZZIE Du hättest sie ihm lassen können!
  Jetzt gibt es Feindschaft!
  Du hast ihn beschimpft!
POLLY Habe ich ihn beschimpft? Und warum!?
  Ich kann nicht leiden, wenn er Ihnen imponieren will!
  Lizzie!
  Ich habe Sie immer gern gesehen.
  Nachts stehe ich zuweilen auf, seufze und gehe auf die Prärie,
  So voll bin ich wegen Ihnen.
  Wir könnten fortgehen, ich nehme die Pferde weg.
  Sie könnten mir die Hemden waschen
  und ich arbeite mir die Finger in Fetzen für Sie.
  Und nachts sind wir zusammen
  in San Francisco oder in Boston
  nur weit weg von hier.
LIZZIE Ich will lieber hier bleiben.
  Ich kann auch hier Hemden waschen.
  Und hast du mehr Hemden als eins
  das du auf dem Leib hast?
  Sonst sitze ich in San Francisco oder in Boston
  und du saufst in den Bars herum
  und verspielst dein einziges Hemd!
POLLY Das Trinken kann ich besiegen, mein Engel!
  Wenn du bei mir bist
  muß ich mich nimmer besaufen!
LIZZIE Tun Sie hier Ihre Arbeit!
  Aber ich sage nichts! Denken Sie: Vielleicht!
  Reden wir jetzt nicht mehr davon! *Ab mit dem Schaff.*

4

POLLY *geht in die Küche, traurig:*
  Sie ist so schön, wenn sie erregt ist!
  Und stolz ist sie!
  Eine Frau für mich!
  Nach und nach mache ich doch Eindruck!
  O der dreckige Bursche mit meiner Zeitung!

Aber ich habe es ihm gesagt:
Schwarzhaariger Räuber!
Sie muß Schenkel haben, von denen ihr
euch keine Vorstellung machen könnt! *Ab.*

5

ZACHÄUS *von links mit einem Schaff Wasser. Er zieht sein Hemd
aus und wäscht es:*
Es ist ganz steif vor Schweiß, und dann hat es
die Sonne getrocknet!
Es ist Pollys Wasser!
Aber jetzt wasche ich mein Hemd drinnen!
MÄNNER *von der Prärie, in den Hof.*
ERSTER MANN Hallo, Zachäus!
Wie ist's mit der Hand? Noch geschwollen?
O er wäscht sein Hemd schon wieder selbst!
ZWEITER MANN Und in Pollys Wasser!
Regenwasser!
Er hat Pollys Regenwasser gestohlen!
DRITTER MANN Nimm dich in acht vor Polly, Zachäus!
Polly ist rachsüchtig!
Polly hat ein gutes Gedächtnis!
Und ein Messer unter dem Kopfkissen!
*Die Männer lachen. Sie waschen die Hände.
Kämmen die Haare. Es wird dunkel.*

6

POLLY *aus der Küche:* Jetzt gibt es bald zu essen!
Ihr bekommt Reis heute!
Ich bin gut aufgelegt!
Was ist das für ein Wasser, Zachäus?
ERSTER MANN Das ist ein gutes Wasser, Polly!
POLLY *auf Zachäus zu:*
Wer hat dir das Wasser gegeben?
ZACHÄUS Ich nahm es.
POLLY *schreit:* Es ist mein Wasser!
Du, schmutziger Sklave, hast es genommen!
Du Lügner! Du Dieb! Du Hund!
ZACHÄUS Und die Fliegen im Brotpudding!
Und wo gingst du vorgestern nacht hin?

Lizzie hat es erzählt, daß wir uns gebogen haben!

POLLY Ist es nicht großartig von dem kleinen Ferkel!
Mein eigenes Wasser!

ZWEITER MANN *lachend wie die andern:*
Ist auch Zachäus' eigenes Hemd, Polly!

ZACHÄUS Nimm du dein Wasser! *Schüttet das Schaff um.*
Ich habe es benutzt!

POLLY *hält ihm die Faust unters Aug:* Siehst du die?

ZACHÄUS Ja.

POLLY Ich will sie dich kosten lassen.

ZACHÄUS Wenn du es wagst!
Sie ringen. Die andern lachen. Zachäus fällt.

POLLY Ja, da liegt er nun! Laßt ihn liegen!
Ein Soldat hat ihn gefällt!

ZWEITER MANN Ich glaube, er ist tot!

POLLY *übermütig:* Meinetwegen!
Ich überlasse ihn dem Teufel!
Laßt ihn liegen!
Ist er etwa der Amerikaner Daniel Webster?
Kommt her und will mich lehren
Pudding zu kochen, mich,
der ich für Generale gekocht habe!
Ist er Oberst der Prärie, frage ich?

ERSTER MANN Das hast du großartig gesagt, Polly!

ZACHÄUS *steht auf, wie vorher:*
Komm heran, du Hasenfuß!

MÄNNER *entzückt:*
Das ist wundervoll! Er sagt Hasenfuß!
Es geht von vorn an! Ihr müßt tüchtig boxen!
Zachäus, das ist ein Kerl!

POLLY *lächelnd:* Unsinn! Ich kann mich ja ebensogut mit einem
Zaunpfahl prügeln!
Geht langsam würdevoll in die Küche.

ZACHÄUS *ringt sein Hemd aus, zieht es an.*

DIE MÄNNER *gehen in die Küche. Drinnen ist jetzt Licht zu sehen.*

7

LIZZIE *kommt:* Hat er dich geschlagen, Zachäus?

ZACHÄUS Er ist ausgekniffen!

LIZZIE Er hat so verfaulte Zahnstumpen im Maul.
   Er raucht so scheußlich und säuft
   und dann hat er auch einen so schlechten Charakter!
ZACHÄUS Aber er war bei dir oben in der Kammer!
LIZZIE Ich habe zugeriegelt!
ZACHÄUS Das sagst du!
LIZZIE Bist du eifersüchtig!
   Gewisse Leute sind es auf dich!
ZACHÄUS Keine Ursache! Liebst du mich?
LIZZIE Das ist zu viel gefragt. *Pause.*
   Aber abends ist es oft langweilig. *Pause.*
   Gehst du nie spazieren?
ZACHÄUS Abends bin ich müde von der Arbeit.
   Dann schlafe ich.
LIZZIE Aber jetzt, mit dem Finger!
ZACHÄUS Da gehe ich vielleicht spazieren!
LIZZIE Ich gehe nach dem Nachtessen.
   Dann ist das Gras schön.
   Aber ihr Männer gebt ja nichts darauf!
ZACHÄUS Ich gehe immer nach rechts.
   Da wo das Weizenfeld Nummer 118 ist!
   Da sehe ich, wie weit die Ernte ist!
LIZZIE Heut wird die Nacht schön!
ZACHÄUS Vielleicht freue ich mich darauf!
LIZZIE *abgehend:* Ich bin heute lustig. *Ab.*

8

ZACHÄUS Er hat mich zu Boden geworfen!
   Jetzt muß er es büßen!
   Seine Zeitung liegt im Schlafraum!
   Er ist wie ein Kind!
   Sieht die Prärie an.
   Jetzt werden die Wiesen heller, da der Himmel dunkel wird
   Da fault viel Aas und die Geier finden es nicht
   Ich sehe ein Bündel liegen in den Feldern
   Das verfault in der Nacht.
   Wie ein Bündel Weizen ist es.
   Er soll sich in acht nehmen.
   Pause. Etwas Lärm aus der Küche.
   Rechts die Prärie wird grün und seltsam.

POLLY *aus der Küche:*

Meine Zeitung ist fort!

Wo ist Zachäus?

Ich frage, wo Zachäus ist?!

Weil die Zeitung fort ist!

ZACHÄUS *halb links, im Dunkel:*

Da bin ich. Ich heiße Zachäus.

POLLY Hast du die Zeitung?

ZACHÄUS Warum fragst du mich?

MÄNNER *aus der Küche:*

Ist es wieder die Zeitung?

Erst war es das Wasser, Polly!

POLLY Er hat die Zeitung gestohlen!

ZACHÄUS Ja, ich habe sie.

Aber jetzt habe ich sie nimmer.

Ich hatte Verwendung dafür

Du schmutziges Ferkel!

Die Männer lachen.

POLLY *schwer:*

Ich habe ein Messer in meiner Bettdecke.

Daran mußt du manchmal denken!

Warte du nur, mein Freund! *Ab.*

DIE MÄNNER *lachen.*

ZACHÄUS Was sagt er da?

Was ist das für ein Unsinn mit dem Messer?

Tue ich mein Gesicht weg, wenn nachts die Ratten drüber

laufen?

Bin ich auf dem Boden liegengeblieben?

Tue ich Fliegen in den Pudding?

Aber mach mich nur nicht wütend!

Dann kenne ich mich nicht mehr!

Ich weiß, wo die Gurgeln sind! *In die Küche.*

MÄNNER Jetzt essen wir! Das ist lustig heute!

Pause.

10

POLLY *kommt heraus:* Das war die Zeitung!

Drinnen stand das große Brandunglück in Chicago.

Es war eine Brandstiftung.

Drinnen stand die Geschichte von den Fenstern der Firma
                                    Cuppri und Co.
Drinnen stand die rührende Anekdote von dem armen
                                    Dienstmädchen in Frisco.
Geschichten von Schiffen, deren Segel man gebläht sah
und von Häusern, wo Menschen sind, nicht wie hier
und von Messerstechereien und vielem andern,
was verkauft wird und gebraucht und wieviel alles wert ist.
Alles stand darinnen und ich las es.
Wo es hier doch so einsam ist!

II

Lärm in der Küche.
ZACHÄUS *tritt in die Tür:*
  Sag mal, Polly, ist dies nicht mein Finger?
  Hält etwas in die Höhe.
  Und, Polly, ist dies nicht mein Nagel, der am Finger saß?
  Sollte ich den nicht wiedererkennen?
ZWEITER MANN Was hast du eigentlich?
ZACHÄUS Ich fand meinen Finger
  meinen abgeschnittenen Finger im Essen.
  Er hat ihn gekocht.
  Er hat ihn mir mit meinem Essen gebracht.
  Hier ist auch der Nagel.
MÄNNER *lachen brüllend:*
  Er hat deinen eigenen Finger gekocht
  und ihn dir zum Essen gegeben?
  Du hast ein wenig davon abgebissen?
  Du hast die eine Seite abgenagt?
ZACHÄUS Ich sehe nicht gut.
  Ich dachte nicht...
  Ich weiß nicht...
  Dreht sich um, geht hinaus auf die Prärie.
MÄNNER *lachen:*
  Hast du seinen Finger gekocht!
  Du bist ein Mordskerl!
  Das ist zum Totlachen!
  Und er hat ihn gegessen! *Gehen wieder hinein.*

LIZZIE *zu Polly:*
Das war schlecht! Schäm dich!
Ich hasse dich!
Jetzt gehe ich zu Zachäus! *Ab.*

13

Der Koch geht hinein. Pause. Dann kommen die Männer.
ERSTER MANN Der Abend ist lau!
ZWEITER MANN Es kühlt ab.
DRITTER MANN Wenn ich nicht so müd wäre!
POLLY *von links mit einem Messer.*
ZWEITER MANN Wo gehst du hin, Polly?
DRITTER MANN Was machst du mit dem Messer?
POLLY *ab, auf die Prärie.*
ERSTER MANN Jetzt geht Polly mit dem Messer.
DRITTER MANN Lizzie ist auch fort. Er wird Lauch schneiden?
ZWEITER MANN Lizzie ist ein schmutziges Aas!
ERSTER MANN Aber sonst ist keine Frau hier.
ZWEITER MANN Also ist Lizzie sauber.
DRITTER MANN Sie läßt niemand hinauf!
ZWEITER MANN Aber der Koch war doch droben!
ERSTER MANN Sie sagt nein.
ZWEITER MANN Er weiß Einzelheiten.
DRITTER MANN Horcht, was ist das?
ZWEITER MANN Nichts! Gespenster!
DRITTER MANN Ich meinte, es schösse was!
ERSTER MANN Ich habe nichts gehört!
DRITTER MANN Ich meinte, es schreie wer!
ZWEITER MANN Wer sollte wohl schreien!
ERSTER MANN Du mußt dich getäuscht haben. Es ist alles ruhig.
Der Weizen ist wie grünes Meer. Jetzt gehen
wir dann schlafen.
ZWEITER MANN Polly muß uns noch Tee machen!

14

LIZZIE *kommt aufgeregt:* Habt ihr Zachäus gesehen?
Wo ist Zachäus?
Er sagte, er gehe zum Feld 118.
Er ist nicht dort!

ERSTER MANN Wolltest du ihn dort hinauswerfen?
  Wie den Koch?
LIZZIE Man muß ihn suchen.
  Auch Polly ist fort! *Ab.*

15

ZWEITER MANN Das ist die Liebe!
  Alles Hirngespinste!
  Man stirbt nicht so leicht!
ERSTER MANN Jetzt gehe ich schlafen. *Will aufstehen.*
DRITTER MANN Hallo, dort ist der Koch!
  Komm doch her, Polly!

16

POLLY *langsam:* Was wollt ihr?
ERSTER MANN Tee, Polly! Du könntest uns Tee machen!
POLLY *zur Küche.*
DRITTER MANN Aber so rede doch was, Polly!
  Sonst machst du doch nicht so gern Tee!
  Wo warst du denn?
ZWEITER MANN Wo ist denn Zachäus, Polly?
ERSTER MANN Wir wollen mit dem Tee auf ihn warten!
POLLY *in der Küchentür, dreht sich um, langsam:*
  Ich glaube nicht, daß Zachäus wiederkommt!
  Sehr laute Musik. Darinnen die wilde Stimme Lizzies.

Das Theater als sportliche Anstalt

Es ist wahr, daß ich im Theater, wenn ich schon hingehe, keinen rechten Spaß habe, aber ich möchte nicht sagen, daß es schlecht ist. Es arbeiten auch viele sehr ernsthafte Leute dafür, und viele Leute, die tagsüber mit viel ernsthafteren Dingen beschäftigt sind, geben sich alle Mühe, an den richtigen Stellen zu klatschen und die gleiche Meinung zu haben wie ihre Zeitungen – eine Meinung, die nicht immer klug, aber meistens pflichtbewußt und von hoher Warte aus gefaßt ist. Ich glaube nur: Ich habe keinen rechten Spaß im Theater, wie diese Leute alle einen falschen Begriff vom Theater haben.

Es ist eine unserer eigentümlichsten Krankheiten, daß wir, wenn wir einmal erkannt haben, daß etwas so oder so gut wäre, alle erdenklichen Torheiten begehen, um es so oder so zu machen, auch wenn etwas ganz anderes herauskommt: Und das ganz andere halten wir dann, nur weil es das Beste ist, was wir leisten können, und weil es auch das Beste ist, was wir wollen können, für das ganz Gute, was wir angestrebt haben. Das ist eine unserer eigentümlichsten Krankheiten, sie kommt überall vor bei uns.

Unsere neuen Besserer, die die Herrschaft über das (literarische) Theater in die Hände bekamen, nicht weil sie besser als die vor ihnen, sondern weil sie neu waren, haben das Theater aus einem Hörsaal für Biologie oder Psychologie in einen Tempel umbauen wollen. Sie bauten Kanzeln und schlugen rote Plakate an, man solle in die Tempel kommen, sie seien eben im Tempel. Und dann kamen die guten Leute aus ihren Geschäften, ihren Kämpfen um Eier, Geliebte und Ehren, in ihren besten Anzügen, und dann standen sie selber auf den Kanzeln und schrien, der Mensch müsse sich erneuern, gut sei gut, Tyrannei äußerst unangenehm, dazu absolut verabscheuungswürdig, und einige von ihnen stachen sich mit Messern durch die Arme oder verschluckten Frösche oder spien Feuer oder balancierten 800 Elefanten oder zeigten ihre Krampfadern. Und die Leute unten verhielten sich ruhig und würdig, denn sie verstanden zum Glück wenigstens die Sprache der Neuerer nicht genau und sperrten die Mäuler auf, daß man hinabsehen konnte bis in ihre Mägen, und da war nichts drinnen. Dann aber, als die Leute wußten, daß Tyrannei unangenehm, dazu verabscheuungswürdig und gut gut sei, gingen sie beruhigt fort und kamen nie mehr.

Und doch befanden sie sich nur in einem Irrtum. Ganz dieselben Leute, die da Feuer spien und sich stachen, hätten sie ganz wunderbar unterhalten, wenn sie woanders aufgetreten wären, nämlich im Zirkus.

Ganz dieselben Leute wie die, welche weggingen, hätten dort die Röcke ausgezogen und Wetten abgeschlossen und mitgepfiffen und sich ganz wundervoll gut unterhalten.

Aber das konnten sie nicht in der Kirche.

In der Kirche haben wir keinen Spaß an so was.

Die Leute, die die Plakate entwarfen (und dabei ging schon viel zuviel Genie drauf!), hatten die richtige Erkenntnis, daß in die Kirche ein andrer Betrieb hineinkommen müsse, aber ihr Betrieb, das war nicht der richtige. Und daß es gut ist, erschüttert zu werden von seelischen Einsichten und zum Bruder zu werden (obwohl das kein Beruf ist, Bruder, nicht wahr!?), aber, nicht wahr, ohne die seelischen Einsichten ging es nicht, und die konnten sie nicht verschaffen. Also: es ist nichts mit der Tempelidee!

Also, ich schlage euch vor, ihr seht es ein und druckt neue Plakate! Ihr ladet die Leute in den Zirkus ein! Und da dürfen sie in Hemdärmeln dasitzen und Wetten abschließen. Und sie müssen nicht auf seelische Erschütterungen lauern und mit den Zeitungen übereinstimmen, sondern sie schauen zu, wie es mit einem Mann gut geht oder abwärts, wie er unterdrückt wird oder wie er Triumphe feiert, und sie erinnern sich an ihre Kämpfe vom Vormittag und an ihre [...]

Das Theater als Sport

Das Kino ist was für die armen Teufel, die ihren Hunger nach Handlung und Romantik stillen wollen, rasch im Vorbeigehn, drei Selbstmorde für achtzig Pfennige, eingewickelt in Lehren, wie man sich im Salon benimmt, dazu Harmonium und schöne Landschaften, das Kino, das ist eine Speiseanstalt, ein Automat, ein Asyl für geistig Obdachlose – aber das Theater ist für die feineren Genießer. Wenn man ins Theater geht wie in die Kirche oder in den Gerichtssaal, oder in die Schule, das ist schon falsch. Man muß ins Theater gehen wie zu einem Sportsfest. Es handelt sich hier nicht um

Ringkämpfe mit dem Bizeps. Es sind feinere Raufereien. Sie gehen mit Worten vor sich. Es sind immer mindestens zwei Leute auf der Bühne, und es handelt sich meistens um einen Kampf. Man muß genau zusehen, wer gewinnt. Da steht ein Pastor und eine Witwe. Sie stehen in einem alten, mit Pflanzen gefüllten Saal, in düsterem Licht. Der Pastor schreit: »Sie hätten Ihren Sohn nicht nach Paris gehen lassen sollen. Dort ist er verdorben. Sie sind eine schuldbeladene Frau!« Die Frau schweigt. Der Pastor hat also Oberwasser. Er hält eine gewaltige Rede vor dem Herrn. Sie hat auch den toten Vater des Sohnes verlassen. Jetzt wolle sie ihm ein Denkmal setzen, aus Reue, aber es sei zu spät. – Das alles sagt der Pastor, der Oberwasser hat. Dann redet die Frau. Sie sagt: »Der Mann war ein Wüstling. Er tappte nach Dienstmädchen, dort im Blumenzimmer. Darum tat ich den Sohn fort, daß das Kind nicht verdirbt. Und ich baue das Denkmal, daß es seinen Vater ehrt, der ein Säufer war, Herr Pastor.« – So. So war es also? Die Frau hat gesiegt. Es war ein interessanter Ringkampf. Man konnte nicht wissen, wer siegen würde. (Das Stück heißt »Gespenster«, man muß hineingehn.) Die Frau in dem Stück hat Feinde, gegen die sie kämpfen muß, bis sie nimmer kann: das sind die Leute, die in ihr Elend hineingucken wollen. Und das Elend muß doch verborgen bleiben, nicht? Darum muß man lügen, immerfort, wie geht das wohl hinaus? Wird es gut werden? *So* wird es: Bevor Morgen und Abend vorbei sind, ist alles aufgekommen, und nun steht die Frau da, eine starke Frau, eine heldenhafte Frau, aber es ist aus mit ihr. Es sind Gespräche in dem Stück, die sind wie Flüche über Schieferdächer in dunkler Nacht. Man kann immer abgleiten: dann liegt man mit zerschmetterten Gliedern in einem Lichthof. – Da kommen Leute vor im Theater, die reden wie Bücher, voll von Idealen. Aber dann kommt es auf, daß es nur Geschwätz ist, und es sind kleine, unappetitliche Raubtiere, die es schwätzen. Da sind reiche Leute wie Jedermann, aber wenn der Tod kommt und die Sterbeglocken klingen, ist er wie ein kleiner, winselnder Hund. Das alles sieht man im Theater, und man hört es auch. Man sieht in die Leute hinein, man muß nur scharf zugucken, es ist wie bei Ringkämpfen: die kleinen Tricks sind das Interessante. Das hat das Kino nicht, das mehr für die Dummen ist, die das Innere und Schwierigere nicht begreifen. Darum müssen die Klügeren und Feineren in das Theater gehen, aber sie müssen es, wie gesagt, mehr nach der sportlichen Seite hin betrachten.

Der Impotente

Komödie

Vom Impotenten Kaisch, der feist wie der Hofmeister, kahl, schwarz ist. Schullehrer. Wälder draußen, Tannenholz, Papier. Die zwei Weiber, der Schwager. Die Männer boxen im Salatgarten; dem Schwager werden die Eier eingetreten. Inzwischen vögeln die Weiber in der Kammer. Schlußtableau: Abendessen. Alle bis auf den Kaisch, der frißt: keinen Appetit.

Am Tag vor Fronleichnam von mittags 11 Uhr bis nachmittags 1 Uhr.

Er macht um 11 Uhr die Wahrnehmung, daß es sich ganz gut leben läßt, wenn man nur die Zwangsvorstellung, die die Begierde erzeugt hat, besiegt. Er ist ein Mann, der viele gute Eigenschaften hat, die vielen fehlen, und einige gute *nicht* hat, die wenigen fehlen. Aber alles in allem (wenn man alles in allem nimmt) kann man leben in dieser Haut, es genügt, es ist vielleicht etwas Kunst dabei, etwas Begabung dazu nötig, aber desto besser, nicht? Ist man kein Mann, weil man nicht zeugt? Was sind es für Sklaven, für Relationen, die dem Weibe anhängen! Und ist man kein Mensch, wenn man kein Mann *wäre*? Es ist nur wichtig, darüber zu stehen. Und er steht darüber und hat eine kleine saftige Freude um Mittag. Aber danach verspürt er, es ist lächerlich, selbst eine Begierde. Er fängt an, einzusehen, daß er dem Weib anhängt, auch so, daß er sie eben hat, die Lust, und doch kann er sich nicht mehr dieser Erfahrung in der Idee anschmiegen, an diesem Tag hat er sich verrannt, er behält die alte Idee bei, er benützt sie, um die Frau zu erobern, und das bricht ihm den Hals: So ist es um 1 Uhr.

Da ist sein Schwager, der ihm klagt, daß er seine Frau nicht halten kann, »sowenig wie Wolken«. Und daß er sie haben *muß*, daß er sie nicht *lassen* kann. Daß er sie befriedigt und es genügt nicht.

Daß Befriedigen nicht Besitzen ist.

(Aber Besitzen ohne Befriedigen gibt es nicht. Sie sind beide halb!)

Kaisch hat immerfort *verzichtet*, jetzt geht die Ehe Lemmers in die Brüche.

Und so muß er sich was beweisen.

Das Fleisch

Kaisch hängt sich nach einer Liebesszene mit der jungen Magd auf. Er wird abgeschnitten, die Schwägerin sitzt bei ihm, er bringt sie dazu, ein Kind zu wünschen, er verhindert den Koitus dadurch, daß er seinen Schwager herzerrt, der bei der Magd liegt. Sie kämpfen im Salatbeet.

Ein Brief von der Behörde. Gerücht, Kaisch vergehe sich an dem kleinen Mädchen. Er spielt vor seiner Frau mit dem Gedanken. Er versucht das Gerücht wahr zu machen. Er hängt sich auf: der Schwager hat die Hand ins Feuer gelegt.

Jetzt, da er lächerlich wird, »Lemmer« überführt ihn, deckt er auf, er macht den großen Schweinehund und verführt fast seine Frau, die mit dem Schwager etwas hat (der der Bruder der 1. Frau war). Aber es ist nichts mit dem Schweinehund, niemand glaubt ihm, er legt ihn ab; er versucht es mit dem reinen Menschen. Er schleudert Anklagen. Aber jetzt ist die Situation so weit verdickt, daß die Frauen, die sich nicht mehr zu helfen wissen, sich gegenseitig befriedigen und der Schwager, der »das alles auffressende Schwein« erlegen wollte, in ihn verstrickt, in Schweiß ausbricht.

- Wie mild der Abend in den Bäumen ist! Er fließt wie eine Milch an meinem Sims

KAISCH *herabsteigend:* Ich schaue dem Schicksal unerschrocken ins Gesicht.

LEMMER Unerschrocken?

KAISCH Jawohl.

LEMMER In welches Gesicht?

KAISCH *zum Schwager:* Ich als ein Mann der Wissenschaft kann dir sagen, daß diesen Dingen viel zuviel Gewicht beigelegt wird.

- Ich bin zweimal im Januar ertrunken. Es handelte sich beide Male um Schiffsunglück. Dabei sah ich das Meer: es ist bleigrau.

Man hört ihn mitunter nachts lateinische Messen singen, d.h. Trümmer. Aber an diesem Tag geschieht es am hellen Mittag.

Zwei Tage reiste er plötzlich fort, ohne Gepäck. Er kam wieder mit einer Tasche voll Papieren. Und als er kaum da war, kam ein Brief an ihn gestern.

LEMMER Hast du einen Brief bekommen?

KAISCH Hm? Den neuen Mühlenteich sollte man mit Karpfen belegen. Ich habe eine Berechnung angestellt. Du kannst sie hier nachprüfen.

LEMMER Danke. Was den Brief anlangt, es ist doch nichts Wichtiges?

KAISCH Von der geographischen Gesellschaft… es sind 500 Mark Kapital erforderlich.

LEMMER 500 Mark? Ja, was zum Teufel hast du mit der G. G. zu schaffen? Das ist wieder großartig!

Lemmer hat Argwohn auf früher
Kaisch und seine Frau
Kaisch hält das aufrecht. Er kämpft im Salatbeet. Hat er nicht die *Freiheit*, jede Frau zu umarmen? Der Potente hat recht.

KAISCH *Kopf auf Armen über Tisch:* Die junge Geiß kommt davon.

LINE Sie verschwitzen Ihre Nachthemden immer so!

KAISCH Ja, was soll ich denn sonst verschwitzen?

LEMMER Es ist nicht das Richtige, das heißt, es geht natürlich schon, weißt du.

KAISCH Nimm eine Eiweißmischung, Karl!

LEMMER Hm. Willst du nicht die Gardinen hochziehen, Franz? Ja, ich habe eine Zeitlang Rotwein getrunken, mit Pfeffer.

KAISCH Hat es geholfen?

LEMMER Nicht besonders. Das heißt: Schon.

William H. »Jack« Dempsey (1895-1983)

Gesänge vom V R

Ich liebe die Operette, das Orange der käuflichen Musik, gemixt mit der Flachköpfigkeit des papierenen Zeitalters

Nach dem Mittagessen die Fabeln, eine Viertelstunde, zwischen Börse und Kontor, unter dem Dach des Vierzigstockhauses

Man raucht, man singt, man hat die Sängerinnen mit dem Eintrittsgeld vergewaltigt

Was man sieht, ist nicht die große antikische Kunst des Filmes, nicht das Venenbad des Boxkampfes, aber man hat die Songs selbst gemacht, man ist unschuldig, die Lifts der leichten Musik massieren die Hälse dieser dummen Tiere, im Weggehen hört man noch in den Rachengeräuschen des Auditoriums den Clou, eine ungepuderte Dame entkleidet sich

Mahagonnysong No. 4

I

Ach Johnny, hab nicht so
Viele Angst um deinen Kopf
Dann zerschlägst du Jack Dempsey
Wie einen alten Topf!
Sei ein Mann
Geh nur ran
Mein Sohn!
Und wenn du über die Runden kommst
Dann komm nach Mahagon!
Und sitzt du einmal bei den
Mahagonnyleuten
Nun dann rauchst du auch
Und aus euren gelben Häuten
Steigt Rauch.
Himmel wie Pergament
Goldener Tabak
Solang San Franzisko brennt
Sitzen wir im Sak-
ko

Ach Johnny, wenn du mal
Deinen Wolkenkratzer hast
Dann ist es höchste Eisenbahn
Daß du ihn fahren laßt!
Sei ein Mann
Kleb nicht dran
Mein Sohn!
Schau, daß du wieder runter kommst
Und komm nach Mahagon!
Und sitzt du einmal bei den
Mahagonnyleuten
Nun dann rauchst du auch
Und aus euren gelben Häuten
Steigt Rauch.
Himmel wie Pergament
Goldener Tabak
Solang San Franzisko brennt
Sitzen wir im Sak-
ko

Den er hat, den Bizeps

Den er hat, den Bizeps
Ihn benützt er nicht
Aber was er nicht hat, ein Hirn
Das soll ihm helfen

An den Herrn im Parkett

Ich denke mir, *Sie wollen für Ihr Geld bei mir etwas vom Leben sehen.* Sie wollen die Menschen dieses Jahrhunderts in Sicht kriegen, hauptsächlich seiner Phänomene, deren Maßregeln gegen ihre Nebenmenschen, ihre Aussprüche in den Stunden der Gefahr, ihre Ansichten und ihre Späße. Sie wollen teilnehmen an ihrem Aufstieg, und Sie wollen Ihren Profit haben von ihrem Untergang. Und natürlich wollen Sie auch guten Sport haben. Als *Menschen dieser Zeit* haben Sie das Bedürfnis, Ihre Kombinationsgabe spielen zu lassen, und sind steif und fest gesonnen, Ihr Organisationstalent gegenüber dem Leben, nicht minder auch meinem Bild davon, Triumphe feiern zu lassen. Deshalb waren Sie auch für das Stück »Dickicht«. Ich wußte, Sie wollen ruhig unten sitzen und Ihr Urteil über die Welt abgeben sowie Ihre Menschenkenntnis dadurch kontrollieren, daß Sie auf diesen oder jenen der Leute oben setzten. Sie waren erfreut, daß das kalte Chicago so angenehm anzusehen ist, denn es gehört durchaus zu unserm Plan, daß die Welt angenehm sei. Sie legen Wert darauf, an gewissen *sinnlosen* Begeisterungs- und Entmutigungsgefühlen beteiligt zu werden, die zum Spaß am Leben gehören. Alles in allem habe ich mein Augenmerk darauf zu richten, daß in meinem Theater Ihr Appetit gekräftigt wird. Sollte ich es so weit bringen, daß Sie Lust bekommen, eine Zigarre zu rauchen, und mich selbst dadurch übertreffen, daß Sie Ihnen an bestimmten, von mir vorgesehenen Punkten ausgeht, werden ich und Sie mit mir zufrieden sein. Was von allem immer die Hauptsache bleibt.

Mehr guten Sport

Unsere Hoffnung gründet sich auf das Sportpublikum.

Unser Auge schielt, verbergen wir es nicht, nach diesen ungeheuren Zementtöpfen, gefüllt mit 15 000 Menschen aller Klassen und Gesichtsschnitte, dem klügsten und fairsten Publikum der Welt. Hier finden Sie die 15 000 Leute, die die großen Preise bezahlen und auf ihre Rechnung kommen, auf Grund einer gesunden Regelung von Angebot und Nachfrage. Sie können kein faires Verhalten erwarten auf absteigenden Ästen. Die Verderbtheit unseres Theaterpublikums rührt daher, daß weder Theater noch Publikum eine Vorstellung davon haben, was hier vor sich gehen soll. In den Sportpalästen wissen die Leute, wenn sie ihre Billette einkaufen, genau, was sich begeben wird; und genau das begibt sich dann, wenn sie auf ihren Plätzen sitzen: nämlich, daß trainierte Leute mit feinstem Verantwortungsgefühl, aber doch so, daß man glauben muß, sie machten es hauptsächlich zu ihrem eigenen Spaß, in der ihnen angenehmsten Weise ihre besonderen Kräfte entfalten. *Das alte Theater hingegen hat heute kein Gesicht mehr.*

Es ist nicht einzusehen, warum das Theater nicht auch seinen »guten Sport« haben sollte. Wenn man die für Theaterzwecke gebauten Häuser, die ja nun einmal stehen und Zinsen fressen, nur einfach als mehr oder minder leerstehende Räume ansehen würde, in denen man »guten Sport« machen kann, würde man zweifellos auch aus ihnen etwas herausholen können, was einem Publikum, das wirklich heute heutiges Geld verdient und heute heutiges Rindfleisch ißt, etwas geben kann.

Man könnte natürlich sagen, daß es auch noch Publikum gäbe, das im Theater was anderes als »Sport« wolle. Wir haben aber einfach in keinem einzigen Falle bemerkt, daß das Publikum, das heute die Theater füllt, *irgend etwas will*. Das sanfte Widerstreben des Publikums, seine alten, vom Großvater vererbten Theatersitze aufzugeben, sollte man nicht zu einer frischen Willenskundgebung umschminken wollen.

Man ist gewohnt, von uns zu verlangen, daß wir nicht ausschließlich nach der Nachfrage produzieren. Aber ich glaube doch, daß ein Künstler, selbst wenn er in der berüchtigten Dachkammer unter Ausschluß der Öffentlichkeit für kommende Geschlechter arbeitet, ohne daß er Wind in seinen Segeln hat, nichts zustande bringen kann. Und dieser Wind muß eben derjenige sein, der zu seiner Zeit gerade weht, also kein zukünftiger Wind. Es ist keineswegs ausgemacht, zu welcher Fahrtrichtung man diesen Wind benutzt (wenn man Wind hat, kann man bekanntlich auch gegen den Wind segeln, nur ohne Wind oder mit dem Wind von morgen kann man niemals segeln), und es ist durchaus wahrscheinlich, daß ein Künstler noch lange nicht seine Maximalwirkung heute erzielt, wenn er mit heutigem Wind segelt. Es wäre ganz falsch, wenn man etwa aus der heutigen Wirkung irgendeines Theaterstückes seinen Kontakt oder Nichtkontakt beweisen wollte. Ganz etwas anderes ist es mit den Theatern.

Ein Theater ohne Kontakt mit dem Publikum ist ein Nonsens. Unser Theater ist also ein Nonsens. Daß das Theater heute noch keinen Kontakt mit dem Publikum hat, das kommt daher, daß es nicht weiß, was man von ihm will. Das, was es einmal gekonnt hat, kann es nicht mehr, und wenn es das noch könnte, würde man es nicht mehr wollen. Aber das Theater macht immer noch unentwegt, was es nicht mehr kann und was man nicht mehr will. In den ganzen gut heizbaren, hübsch beleuchteten, eine Menge Geld verschlingenden, imposant aussehenden Häusern und in dem ganzen Zeug, das drinnen angestellt wird, ist nicht mehr für fünf Pfennige *Spaß*. Kein Theater heute könnte einige Leute, die im Geruch stehen, Spaß darin zu finden, Stücke anzufertigen, einladen, eine seiner Vorstellungen anzusehen in der Erwartung, daß diese Leute dann ein Verlangen spürten, für dieses Theater ein Stück zu schreiben. Sie sehen gleich: es ist hier auf keine Weise *Spaß* herauszuholen. Es geht hier kein Wind, in kein Segel. Es gibt hier keinen »guten Sport«.

Nehmen Sie zum Beispiel den Schauspieler. Ich will nicht sagen, daß wir weniger Talente hätten, als andere Zeiten wohl gehabt haben, aber ich glaube nicht, daß es jemals eine so abgehetzte, mißbrauchte, von Angst getriebene, künstlich aufgepeitschte Truppe von Schauspielern gab wie die unsere. *Und kein Mann, dem seine Sache nicht Spaß macht, darf erwarten, daß sie irgend sonst jemandem Spaß macht.*

Natürlich, die Leute oben schieben es auf die Leute unten, und am liebsten wird gegen die harmlosen Dachkammern vorgegangen. Die Volkswut richtet sich gegen die Dachkammern: Die Stücke sind nichts. Dazu ist zu erwähnen, daß sie, falls sie zum Beispiel nur einfach mit Spaß geschrieben wurden, schon besser sein müssen als das Theater, das sie aufführt, und das Publikum, das sie betrachtet. Sie können einfach kein Theaterstück mehr erkennen, wenn es durch diese Fleischmühle gegangen ist. Wenn wir kommen und sagen: »Das haben sowohl wir als das Publikum uns anders gedacht, wir sind zum Beispiel für Eleganz, Leichtigkeit, Trockenheit, Gegenständlichkeit«, dann sagt das Theater naiv: »Die von Ihnen bevorzugten Leidenschaften, lieber Herr, wohnen in keines Smokings Brust.« Als ob man nicht auch einen

»Vatermord« elegant, sachlich, sozusagen in klassisch vollendeter Weise begehen könnte!

Aber statt wirklichen Könnens wird unter der Vortäuschung von Intensität einfacher Krampf geboten. Sie können keine besonderen, also sehenswerte Angelegenheiten mehr auf die Bühne bringen. Der Schauspieler ist von Anfang an, in dem dunklen Drang, sein Publikum nicht weglaufen zu lassen, in einem solchen unnatürlichen Schwung, daß es aussieht, als sei es die gewöhnlichste Sache von der Welt, seinem Vater nahezutreten. Gleichzeitig sieht man aber, daß ihn das Theaterspielen ungeheuer mitnimmt. *Und ein Mann, der sich auf der Bühne anstrengt, strengt, wenn er nur einigermaßen gut ist, auch alle Leute im Parkett an.*

Ich teile nicht die Ansicht jener Leute, die klagen, den rapiden Untergang des Abendlandes fast nicht mehr aufhalten zu können. Ich glaube, daß es eine solche Menge von Stoffen, die sehenswert, Typen, die der Bewunderung würdig sind, und Erkenntnissen, die zu erfahren sich lohnt, gibt, daß man, wenn nur ein guter Sportgeist anhebt, Theater bauen müßte, wenn nicht welche da wären. Aber das Hoffnungsvollste, was es an den heutigen Theatern gibt, sind die Leute, die das Theater vorn und hinten nach der Vorstellung verlassen: sie sind mißvergnügt.

Sport und geistiges Schaffen

Ich muß zugeben, daß ich die These, Körperkultur sei die Voraussetzung geistigen Schaffens, nicht für sehr glücklich halte. Es gibt wirklich, allen Turnlehrern zum Trotz, eine beachtliche Anzahl von Geistesprodukten, die von kränklichen oder zumindest körperlich stark verwahrlosten Leuten hervorgebracht wurden, von betrüblich anzusehenden menschlichen Wracks, die gerade aus dem Kampf mit einem widerstrebenden Körper einen ganzen Haufen Gesundheit in Form von Musik, Philosophie oder Literatur gewonnen haben. Freilich wäre der größte Teil der kulturellen Produktion der letzten Jahrzehnte durch einfaches Turnen und zweckmäßige Bewegung im Freien mit großer Leichtigkeit zu verhindern gewesen, zugegeben. Ich halte sehr viel von Sport, aber wenn ein Mann, lediglich um seiner zumeist durch geistige Faulheit untergrabenen Gesundheit auf die Beine zu helfen, »Sport« treibt, so hat dies ebensowenig mit eigentlichem Sport zu tun, als es mit Kunst zu tun hat, wenn ein junger Mensch, um mit einem Privatschmerz fertig zu werden, ein Gedicht über treulose Mädchen verfaßt. Einige Leute, die vermutlich der Seifenindustrie nicht ganz fernstehen, haben versichert, daß der Zivilisationsstand eines Volkes an seinem Seifenverbrauch kontrolliert werden könnte. Demgegenüber setze ich vollstes Vertrauen in Männer wie Michelangelo, daß sie auch durch einen völlig unmäßigen Gebrauch von Seife nicht hätten gehindert werden können, die Zivilisation zu bedrohen. Ich kann Ihnen eine kleine private Erfahrung mitteilen. Vor einiger Zeit habe ich mir einen Punchingball gekauft, hauptsächlich weil er, über einer nervenzerrüttenden Whiskyflasche hängend, sehr hübsch aussieht und meinen Besuchern Gelegenheit gibt, meine Neigung zu exotischen Dingen zu bekritteln, und weil er sie zugleich hindert, mit mir über meine Stücke zu sprechen. Ich habe nun gemerkt, daß ich immer, wenn ich (nach meiner Ansicht) gut gearbeitet habe (übrigens auch nach Lektüre von Kritiken), diesem Punchingball einige launige Stöße versetze, während ich in Zeiten der Faulheit und des körperlichen Verfalls gar nicht daran denke, mich durch anständiges Training zu bessern. Sport aus Hygiene ist etwas Abscheuliches. Ich weiß, daß der Dichter Hannes Küpper, dessen Arbeiten wirklich so anständig sind, daß sie niemand druckt, Rennfahrer ist und daß George Grosz, gegen den ja auch keine Klagen vorliegen, boxt, aber sie tun dies, wie ich genau weiß, weil es ihnen Spaß macht, und sie würden es auch tun, wenn es sie körperlich ruinieren würde. (Etwas anderes ist es natürlich mit ungeistigen Arbeitern, wie etwa Schauspielern, die körperliches Training nötig haben, da ihre falsche Auffassung vom Theaterspielen sie zu ungeheuren Kraftleistungen zwingt.) Ich selber hoffe meinen körperlichen Verfall auf mindestens noch 60 Jahre auszudehnen.

Ausblicke

Die Baisse, die gegenwärtig das Theater beherrscht und die nach Ansicht, der allgemeinen, vom Untergang des Abendlandes kommt, erfüllt uns, einige jüngere Stückeschreiber, mit einer leisen Hoffnung. Zweifellos sind wir an der Degeneration der Theater nachdrücklicher interessiert als etwa die Romanschreiber an der Degeneration der Verlage oder der Druckereien. Aber, wie gesagt, wir glauben nicht, daß das Abendland noch diesen Winter untergehen wird.

Der tragikomische Zusammenbruch des Mittelstandes, der unser Volk heimsucht, kam auf eine außerordentliche Blüteperiode während des großen Krieges überraschend, angenehm überraschend.

Nimmt man dazu die nahezu geschlossene Abwanderung der besseren Elemente zum Kino und die der besten zum Boxkampf, so kann man im Hinblick darauf, daß die bourgeoisen Ensembles zerfallen und die Stars von den Aufgaben, die ihnen von »Alt-Heidelberg« gestellt werden, vollkommen ausgefüllt sind, und unter der Berücksichtigung des absolut tröstlichen Umstandes, daß der Stücke schreibende Mittelstand seine alten Weideplätze abgegrast hat, mit etwas Tabak noch immer hoffen, daß man noch einige Male überwintern wird können.

Emil Burri und Bertolt Brecht (1925)

Das Elefantenkalb
oder
Die Beweisbarkeit jeglicher Behauptung

Theater
Unter einigen Gummibäumen eine Bretterbühne. Davor Stühle.

POLLY *vor dem Vorhang:* Damit die dramatische Kunst auf Sie voll wirken kann, werden Sie aufgefordert, tüchtig zu rauchen. Die Bühnenkünstler sind die besten der Welt, die Getränke vollprozentig, die Stühle bequem, Wetten auf den Ausgang der Handlung werden an den Bartischen angenommen, die Aktschlüsse mit Vorhang finden statt, wenn das Publikum wettet. Man bittet, auch hier nicht auf den Klavierspieler zu schießen, er tut sein Bestes. Wer die Handlung nicht gleich begreift, braucht sich nicht den Kopf zu zerbrechen, sie ist unverständlich. Wenn Sie nur etwas sehen wollen, was einen Sinn hat, müssen Sie auf das Pissoir gehen. Der Eintrittspreis wird auf keinen Fall zurückerstattet. Hier unser Kamerad Jip, der die Ehre hat, das Elefantenkalb darzustellen. Wenn Sie glauben, daß das zu schwer ist, dann sage ich Ihnen nur: ein Bühnenkünstler muß alles können.

SOLDAT *unten:* Bravo!

POLLY Hier Jesse Mahoney als Mutter des Elefantenkalbes Jackie Pall, und Uria Shelley, der größte Kenner des internationalen Pferdesports, als Mond. Außerdem werden Sie mich selbst mit Vergnügen in der wichtigen Rolle des Bananenbaumes sehen.

SOLDAT Fangt jetzt an und bedenkt, daß zehn Cent ein unverschämter Preis für so einen Unsinn ist!

POLLY Lassen Sie sich gesagt sein, daß wir durch solche plumpen Anwürfe auf gar keinen Fall berührt werden. Das Stück handelt hauptsächlich von einem Verbrechen, das das Elefantenkalb begangen hat. Ich sage das, damit wir nicht immer unterbrechen müssen.

URIA *hinter dem Vorhang:* Begangen haben soll.

POLLY Ganz richtig. Das kommt, weil ich nur meine Rolle gelesen habe. Das Elefantenkalb ist nämlich unschuldig.

SOLDATEN *im Takt:* Anfangen! Anfangen! Anfangen!

POLLY Bitte. *Tritt hinter den Vorhang.* Mir ist doch etwas angst, ob wir nicht zuviel Eintritt verlangt haben, was meint ihr?

URIA Es ist ganz falsch, daran jetzt zu denken, jetzt muß man hinein mit einem Hechtsprung.

POLLY Es ist nur, weil das Stück so schwach ist. Du hast dich gewiß nicht genau erinnert, Jesse, wie es auf dem richtigen Theater war, und ich glaube, es waren die Hauptpunkte, die du vergessen hast, Jesse. Halt, wartet noch, nur einen Augenblick, ich muß austreten. *Vorhang geht hoch.* Ich bin der Bananenbaum.

SOLDAT Endlich!

POLLY Der Richter der Dschungel. Ich stehe hier auf einer verdorrten Steppe im südlichen Pandschab, und zwar seit die Elefanten erfunden wurden. Manchmal, meistens abends, kommt zu mir so der Mond und verklagt zum Beispiel ein Elefantenkalb.

URIA Nicht so schnell! Das ist schon die Hälfte! Für zehn Cent! *Er geht auf.*

POLLY Hallo, du Mond, woher kommst du noch so spät am Abend?

URIA Ich habe da eine schöne Sache gehört von einem Elefantenkalb –

POLLY Verklagst du es?

URIA Ja, natürlich.

POLLY Hat das Elefantenkalb also ein Verbrechen begangen?

URIA Das ist genau das Richtige, was du vermutest, das ist eben so eine Probe von deinem Scharfsinn, dem nichts entgehen kann.

POLLY Oh, das ist noch gar nichts. Hat das Elefantenkalb nicht seine Mutter ermordet?

URIA Ja eben.

POLLY Ja, das ist ja schrecklich.

URIA Furchtbar ist es.

POLLY Wenn ich nur nicht meine Hornbrille verlegt hätte!

URIA Oh, hier habe ich gerade zufällig eine dabei, wenn sie dir paßt.

POLLY Passen täte sie schon, wenn sie nur auch noch Gläser drin hätte. Sie hat keine Gläser.

URIA Besser ist es immer wie nichts.

POLLY Daß da keiner lacht!

URIA Ja, das ist merkwürdig. Darum klage ich also den Mond, das heißt, das Elefantenkalb, an.

Elefantenkalb tritt langsam auf.

POLLY Ah, da ist ja dieses nette Elefantenkalb. Woher kommst du denn, hm?

GALY GAY Ich bin das Elefantenkalb, an meiner Wiege standen sieben Radschas. Warum lachst du, Mond?

URIA Red nur weiter, Elefantenkalb!

GALY GAY Mein Name ist Jackie Pall. Ich gehe spazieren.

POLLY Du hast ja, höre ich, deine Mutter totgeschlagen?

GALY GAY Nein, ich habe ihr nur den Milchtopf zerschlagen.

URIA Auf ihrem Kopf, auf ihrem Kopf!

GALY GAY Nein, Mond, an einem Stein, an einem Stein!

POLLY Und ich sage dir, du hast es doch getan, so wahr ich der Bananenbaum bin!

URIA Und so wahr ich der Mond bin, ich werde es bezeugen, und mein erster Beweis ist diese Frau dort.

Jesse tritt auf als Mutter des Elefantenkalbes.

POLLY Wer ist denn das?

URIA Das ist die Mutter.

POLLY Ja, ist das nicht eigentlich merkwürdig?

URIA Oh, gar nicht.

POLLY Ich finde es aber dennoch eigentümlich, daß sie da ist!

URIA Ich eben nicht.

POLLY Dann kann sie also dableiben. Nur muß es natürlich bewiesen werden.

URIA Ja, du bist der Richter.

POLLY Ja, also Elefantenkalb, beweise, daß du deine Mutter nicht ermordet hast.

SOLDAT *unten:* Oho, wenn sie dabeisteht!

URIA *herunter:* Das ist es ja eben!

SOLDAT Schon der Anfang ist ganz faul. Wenn die Mutter dabeisteht! Jetzt interessiert mich das Stück auf keinen Fall mehr.

JESSE Ich bin die Mutter des Elefantenkalbes, ich wette, daß mein kleiner Jackie es ganz ausgezeichnet beweisen kann, daß er kein Mörder ist. Nicht wahr, Jackie?

URIA Und ich wette, daß er es nie und nimmer beweisen kann.

POLLY *brüllt:* Vorhang!

Das Publikum geht schweigend an den Bartisch und bestellt laut und heftig Cocktails.

POLLY *hinter dem Vorhang:* Es ist sehr hübsch gegangen, sie haben kein einziges Mal gepfiffen.

GALY GAY Warum nur keiner klatscht?

JESSE Vielleicht sind sie zu sehr ergriffen.

POLLY Es ist doch so interessant!

URIA Wenn wir ihnen die Oberbeine von einigen Varietégirls zeigen könnten, würden sie die Bänke eintrampeln. Geh hinaus, wir müssen es mit den Wetten versuchen.

POLLY *tritt heraus:* Meine Herren...

SOLDATEN Halt! Die Pause ist viel zu kurz! Erst trinken lassen! Man braucht es bei euch!

POLLY Wir wollten vielleicht nur anregen, ob ihr nicht etwas wetten wolltet, ich meine, auf die beiden Ansichten, Mutter contra Mond.

SOLDATEN Unverschämtheit! Damit wollen sie auch noch extra Geld herausziehen! Nun, wartet ab, bis sie im Zug sind! Das Erste ist immer nichts!

POLLY Also! Wer für die Mutter setzt, hier antreten! *Niemand geht vor.* Für den Mond hier! *Niemand geht vor.*

POLLY *geht beunruhigt ab.*

URIA *hinter dem Vorhang:* Haben sie gesetzt?

POLLY Nicht besonders, sie meinen, das Beste kommt erst, das beunruhigt mich wirklich.

JESSE Sie trinken so fürchterlich, als wäre es ihnen unmöglich, sonst noch länger zuzuhören.

URIA Wir müssen mit Musik hineingehen, das muntert sie auf.

POLLY *tritt heraus:* Von nun an Grammophon! *Hinein. Vorhang auf.* Tretet her, Mond, Mutter und Elefantenkalb, denn nunmehr werdet ihr die völlige Aufklärung dieses rätselhaften Verbrechens erleben, auch ihr unten. Wie willst du es überhaupt bemänteln, daß du, Jackie Pall, deine ehrwürdige Mutter erdolcht hast?

GALY GAY Wie kann ich das getan haben, da ich doch ein schwaches Mädchen bin?

POLLY So? So behaupte ich, du, Jackie Pall, bist gar kein Mädchen, wie du sagst. Hört jetzt meinen ersten großen Beweis. Ich erinnere mich an eine eigentümliche Geschichte aus meiner Kindheit in Whitechapel –

SOLDAT Südpandschab!

Schallendes Gelächter.

POLLY – Südpandschab, wo ein Mann, damit er nicht in den Krieg mußte, sich einen Mädchenrock anzog. Dann kam der Sergeant mit einer Kugel und warf sie ihm auf den Schoß, und weil er nicht gleich die Beine auseinandertat, wie es doch die Mädchen tun, um sie mit dem Rock aufzufangen, wußte der Sergeant, daß es ein Mann war, und so auch hier. *Sie machen es.* So habt ihr alle gesehen, daß das Elefantenkalb ein Mann ist. Vorhang!

Vorhang. Schwaches Klatschen.

POLLY Ein ungeheurer Erfolg, hört ihr? Vorhang hinaufziehen! Verbeugen!

Vorhang. Kein Klatschen mehr.

URIA Sie sind direkt feindselig. Es ist auch aussichtslos.

JESSE Wir müssen einfach aufhören und den Eintritt zurückzahlen. Es handelt sich jetzt schon um Gelyncht- oder Nichtgelynchtwerden, das ist hier die Frage, die Sache ist in ein ungeheuer ernstes Stadium getreten. Seht nur hinaus!

URIA Also den Eintritt zurückzahlen? Nie! Da kann ja kein Theater der Welt bestehen!

SOLDATEN Morgen geht es fort nach Tibet hinauf, was, Georgie, das sind vielleicht die letzten Gummibäume, unter denen du Cocktails zu vier Cent trinkst. Das Wetter ist nicht hübsch genug für einen Krieg, sonst wäre es hier schön, wenn sie nicht spielen wollten da oben!

SOLDAT Ich fordere Sie übrigens auf, zur Unterhaltung einen kleinen Song loszulassen, zum Beispiel: »Johnny, wisch deine Stiefeln rein.«

SOLDATEN Bravo! *Singen:* »Johnny, wisch...«

URIA Jetzt singen sie schon selber. Wir müssen weitermachen.

POLLY Wenn ich auch nur unten säße, gerade der »Johnny« ist ein so schönes Lied. Wenn wir nur so etwas gemacht hätten! Los jetzt! *Vorhang.* Nachdem... *Er kämpft gegen den Gesang an.* Nachdem das Elefantenkalb...

SOLDAT Immer noch das Elefantenkalb!

POLLY Ich sage, nachdem das...

SOLDAT Das Soldatenkalb!

POLLY ...das Tier hier durch meinen ersten großen Beweis als Schwindler entlarvt wurde, kommt nun der zweite, noch größere Beweis.

SOLDAT Kannst du den nicht fortlassen, Polly?

URIA Untersteh dich, Polly!

POLLY Ich behaupte, daß du ein Mörder bist, Elefantenkalb! Beweise also, daß du nicht morden kannst, zum Beispiel den Mond.

SOLDAT Das ist doch ganz falsch! Beweisen muß der Bananenbaum!

POLLY Das ist es doch gerade! Passen Sie nur auf! Es ist das ein besonders spannender Punkt des Dramas! Ich sagte also, du mußt beweisen, daß du niemals morden könntest, zum Beispiel den Mond. Klettere also an dieser Liane von mir hinauf und nimm ein Messer mit.

Galy Gay tut es. Der Mond hält oben die Strickleiter.

SOLDATEN *bringen einige, die weitersingen wollen, zum Schweigen:* Ruhe! Da hinaufklettern ist nicht einfach, da er aus dem Elefantenkopf nicht herausschauen kann.

JESSE Wenn es nur jetzt nicht ausläßt. Lege Kraft in deine Stimme, Uria.

Uria stößt einen Schrei aus.

URIA Oh, oh, oh!

POLLY Was hast du, Mond, warum schreist du?

URIA Weil es so weh tut. Es ist bestimmt ein Mörder, der heraufkommt zu mir!

GALY GAY Hänge die Strickleiter an einen Baumast, Uria, da ich sehr schwer bin.

URIA Oh, es zerreißt mir meine Hand! Meine Hand! Meine Hand! Es zerreißt mir meine Hand!

POLLY Seht ihr! Seht ihr!

Galy Gay hat Urias Kunsthand in den Händen und zeigt sie.

JESSE Das ist schlimm, Jackie, das hätte ich nicht von dir gedacht. Du bist nicht mein Kind.

URIA *hebt Handstumpf hoch:* Ich bezeuge, daß er ein Mörder ist.

POLLY Seht ihr seinen blutigen Stumpf, mit dem er es bezeugt, und du hast nicht bewiesen, daß du keinen Mord begehen kannst, Elefantenkalb, denn jetzt hast du auch noch den Mond so zugerichtet, daß er sicher vor dem Morgengrauen verbluten muß. Vorhang! *Vorhang. Er tritt sofort heraus.* Wenn jetzt gewettet werden sollte, so kann das am Bartisch geschehen.

SOLDATEN *gehen wetten:* Einen Cent auf den Mond, einen halben Cent auf das Elefantenkalb.

URIA Seht ihr, wie sie jetzt anbeißen! Jetzt hast du es in der Hand, Jesse, mit dem Mutterschmerzmonolog.

Vorhang hoch.

JESSE

Wißt ihr auch, was eine Mutter ist?

Ach, ihr Herz so weich wie eine Butter ist.

Auch euch hat einst so 'n weiches Mutterherz getragen

Und 'ne Mutterhand gefüllt den Magen

Und ein Mutteraug hat euch einst angeblickt

Und ein Mutterfuß den Stein vom Weg gerückt.

Lachen.

Deckt die Rasenbank einst ein Mutterherz

Lachen.

Zieht's 'ne noble Seele himmelwärts

Lachen.

Hört 'ne Mutter, hört 'ne Mutter klagen:

Lachen.

Dies Kalb hab ich unterm Mutterherz getragen.

Großes, langes Gelächter.

SOLDATEN Noch einmal! Das ist allein zehn Cent wert! Bravo! Hoch! Drei Hochs für die Mutter! Hoch! Hoch! Hoch!

Vorhang fällt.

URIA Weiter! Das ist der Erfolg! Auf die Bühne!

Vorhang auf.

POLLY Ich habe bewiesen, daß du ein Mann bist, der einen Mord begehen kann. Jetzt frage ich dich, Elefantenkalb: Behauptest du, daß das deine Mutter ist?

SOLDATEN Es ist eine verdammt ungerechte Sache, die die da darstellen, es geht einem direkt gegen den Strich! Aber gut philosophisch! Sie werden schon irgendein glückliches Ende parat haben, darauf könnt ihr euch verlassen! Still!

POLLY Ich würde natürlich nicht behaupten, daß irgendein Kind auf der Welt seiner eigenen leiblichen Mutter ein Haar krümmen würde in einem von Alt-England verwalteten Land. *Bravo.* Rule Britannia! *Alle singen »Rule Britannia«.* Ich danke Ihnen, meine Herren. Solange dieses erschütternde Lied aus rauhen Männerkehlen erklingt, ist in Alt-England alles in Ordnung. Aber jetzt weiter! Da du nun einmal, o Elefantenkalb, diese allseits beliebte Frau und große Künstlerin *Bravo* ermordet h a s t, so kann es überhaupt nicht sein, daß du, Jackie Pall, Sohn oder Tochter dieses gefeierten Weibes *Bravo* bist, und was ein Bananenbaum behauptet, das beweist er auch. *Beifall.* Nimm also, du Mond von Cooch-Behar, ein Stück Billardkreide und ziehe einen soliden Kreis in der Mitte der Bühne. Nimm sodann einen gewöhnlichen Strick zur Hand und warte, bis diese in ihrem Tiefsten getroffene Mutter in die Mitte dieses übrigens sehr schlecht gezogenen Kreises getreten ist. Lege ihr diesen Strick behutsam um den weißen Hals.

SOLDATEN Um ihren hübschen weißen Mutterhals, um ihren hübschen weißen Mutterhals.

POLLY Ganz richtig. Du aber, angeblicher Jackie Pall, nimm das andere Ende dieses Strickes der Gerechtigkeit und stelle dich gegenüber dem Mond außerhalb des Kreises auf. So, und jetzt frage ich dich, Weib: Hast du einen Mörder geboren? Du schweigst? Na also. Ich wollte Ihnen nur zeigen, meine Herren, daß die eigene Mutter, die Sie hier vertreten sehen, sich von ihrem gefallenen Kinde abwendet. Aber ich werde Ihnen bald noch mehr zeigen, denn es wird hier jetzt bald die schreckliche Sonne der Gerechtigkeit in die verborgensten Tiefen hineinleuchten.

SOLDATEN Treib's nicht zu weit, Polly! Pst!

POLLY Zum letzten Male, Jackie Pall: Behauptest du noch, daß du der Sohn dieser Unglücklichen bist?

GALY GAY Ja.

POLLY So, so. Du bist also der Sohn? Vorhin wolltest du die Tochter sein, aber so genau kommt es dir ja bei deinen Aussagen nicht drauf an. Wir schreiten jetzt zum letzten und wichtigsten und alles Bisherige übertreffenden, Sie, meine Herren, vollständig befriedigenden Originalhauptbeweis. Wenn du, Jackie Pall, das Kind dieser Mutter bist, so ist dir auch Kraft gegeben, diese deine angebliche Mutter auf deiner Seite aus dem Kreise zu ziehen. Das ist doch klar.

SOLDATEN Glasklar! Klar wie Milchglas! Halt! Es ist ganz falsch von ihm! Jackie, halte du dich an die Wahrheit!

POLLY Auf drei ziehen! *Alle zählen mit.* Los!
Galy Gay zieht Jesse auf seine Seite aus dem Kreise.

JESSE Halt! Aufhören! Goddam! Was glaubt ihr eigentlich! Mein Hals!

SOLDATEN Was heißt hier Hals? Zieh, Jackie! Aufhören! Er ist doch schon blau wie ein Schellfisch!

JESSE Hilfe!!

GALY GAY Auf meiner Seite! Auf meiner Seite!

POLLY Na? Und was sagt ihr jetzt? Habt ihr schon so eine Roheit gesehen? Ja, jetzt hat unnatürliche Verlogenheit ihren Lohn. Denn du sollst dich schrecklich getäuscht haben. Nicht das, was du dachtest, hast du bewiesen, als du so roh gezogen hast, sondern nur das, daß du niemals Sohn oder Tochter dieser unglücklichen gemarterten Mutter sein kannst. Du hast die Wahrheit ans Licht gezogen, Jackie Pall!

SOLDATEN Oho! Bravo! Scheußlich! Nette Familie das! Fahr ab, Jackie, mit dir ist es vorbei! Schiebung! Nur bei der Wahrheit bleiben, Jackie!

POLLY So, meine Herren, ich denke, das genügt. Der Originalhauptbeweis wäre also, denke ich, unter Dach gebracht. Hören Sie gut zu, meine Herren, und auch diejenigen bitte ich, gut zuzuhören, die am Anfang hier glaubten, Krach machen zu müssen, sowie diejenigen, die auf dieses elende, von Beweisen durchlöcherte Elefantenkalb ihre guten Pennies gesetzt haben, daß es kein Mörder ist: dieses Elefantenkalb ist ein Mörder! Dieses Elefantenkalb, das nicht die Tochter dieser ehrwürdigen Mutter ist, wie es behauptet hat, sondern der Sohn, wie ich bewiesen habe, und auch nicht der Sohn, wie ihr erlebt habt, sondern überhaupt nicht das Kind dieser Matrone, die es überhaupt ermordet hat, obwohl sie hier vor euren eigenen Augen dasteht und tut, als sei nichts gewesen, was doch ganz natürlich ist und doch nie vorgekommen, was ich beweise, und überhaupt beweise ich jetzt alles und behaupte noch viel mehr und lasse mich davon nicht abbringen, sondern bestehe auf meinem Schein und beweise auch das, denn ich frage Sie: Was ist alles ohne Beweis? *Der Beifall wird immer rasender.* Ohne Beweis ist der Mensch überhaupt kein Mensch, sondern ein Orang, wie schon Darwin bewiesen hat, und wo bleibt da der Fortschritt, und wenn du noch mit einer Wimper zuckst, du kleines, elendes Nichts von einem lügentriefenden Elefantenkalb, unecht bis in die Knochen, dann beweise ich überhaupt, und das tue ich jetzt übrigens auf jeden Fall, ja, das ist sogar die Hauptsache, meine Herren, daß dieses Elefantenkalb überhaupt kein Elefantenkalb ist, sondern höchstens Jeraiah Jip aus Tipperary.

SOLDATEN Hoch!

GALY GAY Das gilt nicht!

POLLY Und warum nicht? Warum gilt das nicht?

GALY GAY Weil das gegen das Spiel ist. Nimm das zurück.

POLLY Du bist ja ein Mörder.

GALY GAY Das ist nicht wahr!

POLLY Aber ich beweise es. Ich beweise, ich beweise, ich beweise.

Galy Gay stürzt ächzend auf den Bananenbaum zu, dessen Postament unter seinem gewaltigen Anprall nachgibt.

POLLY *im Stürzen:* Seht ihr, seht ihr?

URIA So, jetzt bist du ein Mörder.

POLLY *stöhnend:* Und ich habe es bewiesen.

Vorhang.

URIA Rasch den Song!

DIE VIER SPIELER *stellen sich rasch vor dem Vorhang auf und singen:*

Ach, wie war es lustig in Uganda
Sieben Cent für 'nen Stuhl auf der Veranda
Ach, das Pokerspiel mit diesem alten Tiger
Ach, wir spielten noch einmal so gut
Setzten wir die Haut von Papa Krüger
Setzte er nur seinen alten Hut.

Oh, wie schien der Mond so friedlich in Uganda!
Wir saßen noch am Morgen dort
Die Luft strich kühl
Der Zug ging fort.
Nicht jeder hatt' an Geld so viel
Für ein kleines Pokerspiel
Mit 'nem Tiger in Zivil
(Sieben Cent für 'nen Stuhl auf der Veranda).

SOLDATEN Aus? Das ist ja eine verdammt ungerechte Sache. Ist das ein gutes Ende? So kann man doch nicht aufhören. Vorhang oben lassen! Weiter spielen!

POLLY Was heißt das? Wir haben doch keinen Text mehr! Seid doch vernünftig. Das Stück ist aus.

SOLDATEN Das ist die größte Unverschämtheit, die ich jemals erlebt habe. Das ist ja Schund vom reinsten Wasser, das geht ja gegen den gesunden Menschenverstand! *Eine Gruppe besteigt geschlossen die Bühne und sagt ernst:* Wir wollen unser Eintrittsgeld zurückhaben. Entweder das Elefantenkalb kommt zu einem anständigen Schluß, oder es liegen in zwei Sekunden hier unsere gesammelten Centstücke auf dem Tisch des Hauses, du Mond von Cooch-Behar!

POLLY Wir möchten ernsthaft bitten, hier ist die reine Wahrheit aufgeführt worden.

SOLDAT Ich fürchte, daß ihr hier der reinen Wahrheit jetzt dann sogleich ins Weiße im Auge schauen werdet.

POLLY Das kommt davon, weil ihr nichts von Kunst versteht und keinen Anstand habt Künstlern gegenüber.

SOLDAT Jede Rederei ist überflüssig!

GALY GAY Ich möchte nicht, versteht mich gut, daß ihr glaubt, ich trete nicht für das ein, was ihr hier gesehen habt.

POLLY Bravo, Käptn!

GALY GAY Um es gleich vorwegzunehmen: Ich möchte den von euch, den es am dringendsten nach seinem Eintrittsgeld verlangt, ich will sagen, ich möchte diesen eigentümlichen Herrn jetzt sogleich zu einem kleinen Boxkampf über acht Runden mit Vier-Unzen-Handschuhen eingeladen haben.

SOLDATEN Vorwärts, Townley! Wisch diesem Elefantenkälbchen sein Rüsselchen!

GALY GAY Nun, wir werden ja sehen, denke ich, ob das hier die Wahrheit war, die wir hier aufgeführt haben, oder ob es ein gutes Theater war oder ein schlechtes, meine Lieben.

Alle ab zum Boxkampf.

Vorspruch zu »Im Dickicht der Städte«

Sie befinden sich im Jahre 1912 in der Stadt Chicago. Sie betrachten den unerklärlichen Ringkampf zweier Menschen und Sie wohnen bei dem Untergang einer Familie, die aus den Savannen in das Dickicht der großen Stadt gekommen ist. Zerbrechen Sie sich nicht den Kopf über die Motive dieses Kampfes, sondern beteiligen Sie sich an den menschlichen Einsätzen, beurteilen Sie unparteiisch die Kampfform der Gegner und lenken Sie Ihr Interesse auf das Finish.

Alsbald verließ auch sein Aug

Alsbald verließ auch sein Aug arglistig die heimische Höhlung
Fließend wie Öl in den Mund, der andere Speise gewöhnt war
Alsbald wurde zu Gummi sein Knie und der Boden wurd seine
Sehnsucht
Und er wünschte sich sehnlich ein tiefes Vergessen und fühlte
Sinkend schon, einzig noch sein Ohr anwachsend zum
Schallrohr
Sammelnd in sich wie ein Phonograph jene feindlichen Laute
Äußerst entfernten, doch äußerst rasenden Beifalls
Ölend dem Gegner die Wunden, sammelnd sie alle mit Sorge
Für spätere Zeiten des müßigen Nachdenkens

Es gibt kein Großstadttheater

Es gibt kein Großstadttheater. Alle Aufführungen haben den Charakter von Provinztheateraufführungen. Man kann die neuen Sachen nicht spielen, wie man Shakespeare spielt und nicht spielen kann. Man hat uns oft genug gesagt, daß den Leuten die Aufführungen nicht gefallen haben. Man hat uns aber nicht sagen hören, daß sie uns auch nicht gefallen haben. Das Theater hat die große Chance, die es gehabt hat, aus unseren Stücken einen neuen Stil für ihr gewohntes klassisches Repertoire zu finden, nicht benutzt. Es hat lediglich seinen alten Stil benutzt, unsere Stücke zu verderben. Wer im Sportpalast war, der weiß, daß das Publikum jung genug ist für ein scharfes und naives Theater, und wer nicht im Theater war, der wird es mir glauben, daß es auch junge Schauspieler gibt. (Etwa mit Homolka, Weigel, Neher, Forster, Müthel, Legal, Wäscher, Valeska Gert, Wieman könnte man jedes Stück der Weltliteratur spielen, weil man jedes unserer Stücke mit ihnen spielen kann.) Ich habe gehört, daß ich im Norden Berlins in einem Bierlokal »Antonius und Kleopatra« inszenieren werde. Das wäre bestimmt sehr nett von mir. Auf das Bier würde ich am wenigsten Wert legen. Trotzdem glaube ich, daß der Ausschank von Getränken in irgendeinem renommierten Berliner Theater, nicht aber bei mir jede Aufführung eines ernsthaften Stückes vollkommen unmöglich machen würde. Ich behaupte sogar, daß ein einziger Mann mit einer Zigarre im Parkett einer Shakespeare-Aufführung den Untergang der abendländischen Kunst herbeiführen könnte. Er könnte ebenso eine Bombe als seine Zigarre in Brand setzen. Ich würde gern sehen, wenn das Publikum bei unseren Aufführungen rauchen dürfte. Und ich möchte es hauptsächlich der Schauspieler wegen. Es ist dem Schauspieler nach meiner Meinung gänzlich unmöglich, dem rauchenden Mann im Parkett ein unnatürliches, krampfhaftes und veraltetes Theater vorzumachen.

Der Lebenslauf des Boxers Samson-Körner

Wenn man etwas über sein eigenes Leben aufschreiben soll, ist es wirklich schwierig, alles unter einen Hut zu bringen. Aber das schlimmste ist es, daß jedes Ding, wenn man es genau betrachtet, seine zwei Seiten hat, und zwar ist es meistens eine Seite, die mehr oder weniger bezahlt wird, und eine Seite, die einen Haufen Geld kosten kann. Aus diesem Grunde ist es sehr wichtig, daß man jedes Ding nach dieser Seite hin betrachtet.

Ich will es daher gleich bemerken, daß ich in Beaver im Staate Utah, U.S.A., geboren bin, im Mormonendistrikt, fast am Großen Salzsee. Ich kann auch andeuten, warum ich dort geboren bin: es ist, weil Beaver im Staate Utah, U.S.A., an keiner Eisenbahnlinie liegt. Sie können dort zwölf Frauen ehelichen, aber Sie können, wenn Sie nach meinem Geburtshaus schauen wollen, nicht anders als zu Fuß hinkommen.

Das ist die eine Seite von dem Ding. Sie ist sehr wichtig, weil ich nur dadurch ein richtiger Yankee war und nicht hinter einem Stacheldrahtverhau vier Jahre lang Poker spielen mußte.

Andererseits bin ich in Zwickau in Sachsen geboren, weil ich dort das Licht der Welt erblickte. In Zwickau hielt ich mich ungefähr dreizehn Jahre auf, und zwar vorwiegend im Hotel »Deutscher Kaiser«. Dieses Hotel gehörte einem Onkel von mir. Ich lernte dort spielend Tür aufmachen, Koffer tragen und Stiefel wichsen. Das war mir gelegentlich sehr nützlich, als mir in England, ein kleines Jahr später, das Wasser ziemlich an den Hals ging; ich konnte dadurch eine Stelle in Cardiff in einem Hotel bekommen, denn alles das ist überall gleich, was ich immer gesagt habe. Zwischen London und Hamburg ist der Unterschied nicht so groß, und wenn es Leute gibt, die andere Dinge für wichtiger halten, als daß einem die Tür aufgemacht, der Koffer geschleppt und das Schuhzeug geputzt wird, so sitzen diese Leute auf einem falschen Ast.

Zunächst wollte ich vier Monate lang in Zwickau Elektrotechniker werden, und ich wäre es auch ebensogut geworden wie irgendein anderer, wenn nicht mein Vater zum zweiten Male geheiratet hätte. Das war der Hauptgrund, daß ich aus Zwickau wegging und den Elektrotechnikerberuf an den Nagel hängte. An diesem Nagel hing bald noch eine hübsche Auswahl anderer Berufe. In Aue, wo ich zunächst hinging, übrigens, ohne daß mein Vater ein Wort sagte, weil ich ihn lieber nicht um Rat gefragt hatte, wurde ich Hausdiener in einem Restaurant. Dort traf ich jemand, durch den ich als Knecht auf ein Gut bei Altenburg kam. Dieses Gut ist der Hauptgrund dazu, daß ich mich bald darauf mit vierzehn Jahren auf dem Wege nach England befand. Dort bei Altenburg las ich nämlich zum ersten Male von Hamburg.

Ich richtete von nun an mein Hauptaugenmerk auf Hamburg. Ich kam zwar zuerst noch nach Eisenach, wo ich einen Herrn kennenlernte, der ein Biergeschäft hatte. Er ließ mich seinen Bierwagen kutschieren; aber dafür wollte er, daß ich die Fortbildungsschule besuchte. Und das brach sozusagen dem Bierfaß den Boden durch: ich ging nach Hamburg.

Ich machte die Strecke übrigens keineswegs mit dem Zug, obwohl ich von meinem Vater für Eisenach nachträglich 200 Mark bekommen hatte. Ich glaubte, daß ich sie in Hamburg sehr gut brauchen könnte, und »tippelte«.

Als ich in Hamburg ankam, waren wir etwa zu dritt. Es gab auf den Landstraßen immer Burschen in meinem Alter, deren Ziel Hamburg war. In Hamburg war ich sehr überrascht, daß es dort nicht gleich so viel Wasser gab, wie ich gebraucht hätte, statt dessen aber eine Menge Etablissements, wo man sein Geld los wurde. Ich wohnte für zwanzig Pfennig die Nacht in einer Herberge in St. Pauli, in der Dalbude. Wir suchten immer ein Schiff, auf dem wir ankommen konnten, aber sie waren furchtbar scharf nach Papieren und wollten einen außerdem nur als Segeljungen mitfahren lassen, was ein sehr unangenehmer Beruf gewesen wäre. Ich versuchte, mein Geld immer auf einer gewissen Höhe zu halten, indem ich allerhand kaufte und verkaufte, hauptsächlich angehende alte Schuhe, Sachen, die jeder braucht, bei denen man ein paar Groschen verdienen kann; aber das Geld ging direkt weg wie Butter in der Sonne, und außerdem wurde es jetzt »heiß«. Ich meine mit »heiß«, daß die Polizei ihre Blicke auf uns richtete. Diesen Polizisten hingen die Augen wie an Kirschenstielen aus dem Kopf, wenn sie einen Jungen sahen, der keine Papiere hatte. Ich wandte mich nach Bremerhaven.

Ich hatte jetzt in Bremerhaven schon die Erfahrung, daß man sich zunächst eine Schlafstelle suchen muß, damit das Geld nicht so schnell weggeht; denn in einem Hotel können Sie die Geldstücke nicht an einen Bindfaden anbinden wie in einer Schlafstube. Aber

Paul Samson-Körner am Klavier bei Brecht (1927)

auch in Bremerhaven legten die Schiffe auf mich keinen Wert, und ich mußte die meiste Zeit in den Bierbuden herumsitzen, um wenigstens von der See erzählen zu hören. Und ich hatte unmenschlich viel Zeit. Ich war groß und stark wie mindestens ein Zwanzigjähriger und so frech, wie man nur sein konnte. Aber ich konnte nicht auf diese verfluchten Schiffe kommen, und mein Geld schwand wieder wie die Butter in der Sonne. Ich lernte da noch einen Jungen aus Sachsen kennen, der in einer ähnlichen Lage drin war, und wir fingen an, uns hauptsächlich zu den englischen Matrosen an den Tisch zu setzen. Die gingen nämlich lieber an Land, als daß sie ihr Schiff in Ordnung brachten. Aber dafür waren jetzt wir da, und sie zahlten uns gern etwas dafür, daß wir den Maschinenraum aufwuschen. Da kam mir die Idee, in dem Schiff, wo ich den Maschinenraum aufwusch, auch zu bleiben, wenn die Maschinen losliefen, und mal ein bißchen mit rüber nach London zu fahren, ob es ihnen nun paßte oder nicht.

Eines Abends sagte ich zu dem kleinen Sachsen: »Wir verstauen uns.«

Wie das Schiff nachts abging, saßen wir unten im Kohlenbunker und fuhren nach London. Es war zunächst ganz hübsch, obwohl es ziemlich dunkel und eng war; aber dann kam der erste gewaltige Haken zum Vorschein, den die Sache hatte. Gegen morgen zu wurde ich seekrank. Es ging immer herauf und herunter, und mein Magen machte alles das mit, und zwar so, daß ich sagte: »Ich bleibe nicht unten, ich gehe rauf.«

Sie machten keine große Sache daraus, als sie uns zu Gesicht bekamen. Ich sagte: »Ick mit!« Und das konnten sie verstehen, weil auf Englisch with das gleiche heißt. Sie gaben uns zu essen und ließen uns in der frischen Luft arbeiten.

Um 9 Uhr kam der erste Steuermann, und das erste, was wir hörten, war, daß das Schiff nicht nach London, sondern nach Antwerpen ging. »Gut«, sagte ich, »gehen wir nach Antwerpen.«

Es wurde bald sehr nett. Das Wetter wurde auch besser. Wir saßen auf Deck und schälten Kartoffeln. Wir sahen viele Schiffe. Das ging drei Tage lang. Dann kam die Schelde, die etwas langweiliger war, und am dritten Tag am Nachmittag kamen wir richtig nach Antwerpen. Da schmissen sie uns sofort runter.

Wir kannten Antwerpen nicht im geringsten und hatten Mühe, uns vier Tage lang durchzubringen. Es war gut, daß der Schiffszimmermann, der an meinem kleinen Sachsen einen Narren gefressen hatte, uns ein paar Schillinge gegeben hatte, bevor sie uns runterschmissen. Außerdem gingen wir immer pünktlich zum »Abkochen«, das heißt, wir stellten uns zur Essenszeit auf verschiedenen Schiffen ein und streckten unsere Teller hin. Wir hatten jetzt schon etwas Erfahrung.

Am vierten Tage sagte der Schiffszimmermann: »Heute nacht gehen wir ab; ich werde euch da wohl nicht wiedersehen.«

Am Abend steckten wir wieder im Kohlenbunker. Es ist besser, wenn man die Leute, mit denen man zu tun hat, nicht zu oft wechselt. Bald darauf liefen wir wieder im Kanal, und ich wurde wieder seekrank. Ich ging wieder rauf, und sie waren froh, daß wir wieder da waren und Kartoffeln schälten. In Cardiff (England) schmissen sie uns wieder runter.

Der Schiffszimmermann gab uns wieder einige Schillinge und sagte: »Auf Wiedersehen.«

Aber wir wollten nach London. London lag zwar auf der anderen Seite der Insel; aber es war eine große Stadt mit vielen Möglichkeiten. Wir verstauten wieder.

Diesmal waren die Leute nicht so nett. Als sie uns herauszogen, mußten wir furchtbar arbeiten, und trotzdem setzten sie uns auf das Lotsenboot ab, und zwar mit einem Brief, auf dem »Police« stand. Sie sagten, wir sollten uns dorthin wenden. Wir dachten aber, daß die Polizisten nicht die richtigen Leute für uns wären, und warfen den Brief lieber ins Wasser. Auf dem Lotsenboot wurde ich fürchterlich seekrank. Der Lotse schmiß uns in Landsend raus, und wir tippelten niedergedrückt zurück nach Cardiff. London war so nicht zu erreichen. Wir erreichten es später über Alexandrien.

In Cardiff war wieder nichts los. Es war Zeit, daß wir jetzt einmal ernstere Maßnahmen ergriffen. Wir gingen nach Bristol zum deutschen Konsul. Er sah aber gleich, daß kein Geld hinter uns stand, und schmiß uns mit ein paar Schillingen raus. Darauf wollten wir wieder nach Cardiff.

Es lagen eine Menge Boote am Strand herum und kein Mensch darauf. Wir stiegen auf eins hinauf. Als wir loswollten, war überhaupt kein Wasser mehr da. Es war Ebbe. Außerdem aber war es sehr kalt. Mein Freund... aber die Sache, die jetzt kommt, hat natürlich zwei Seiten. Auf der einen Seite war es sehr kalt, und wir hatten nur ganz dünnes Zeug am Leibe, andererseits hätte der Mann, dem das Boot und die Jacke wie die Stiefel, die drin waren, gehörten, diese warmen Sachen sicher von selber meinem Freund geliehen, wenn er da gewesen wäre. Und wir wieder konnten nichts dafür, daß der Mann nicht den ganzen Tag in seinem Boot herumsaß. Wir nahmen also die Jacke und die Stiefel so mit. Dann erinnere ich mich, daß wir über eine lange Brücke marschierten, etwa eine halbe Stunde lang. Und dann wurde es ganz Nacht. Wir krochen in einer Scheune unter, und plötzlich stand ein langer Policeman da und winkte uns. Auf der Wache fragten sie uns nach unseren Papieren; aber wir verstanden sie nicht gut, und von der Jacke sagten wir vorsichtigerweise, wir hätten sie eben geschenkt bekommen. Sie hatten wenig Lust, das zu glauben. Sie fragten uns heimtückisch, woher wir kämen, und als sie hörten, daß wir über die Brücke gekommen seien, sagten sie, das sei ganz verboten, und schmissen uns für fünf Tage ins Loch.

Wir nahmen das nicht besonders ernst, weil solche Dinge eben die Spesen sind, wenn man irgend etwas unternehmen will. Wir waren nicht etwa über die Brücke gegangen, weil gerade das zu unserer Unterhaltung besonders nötig war, und wir hatten damit niemand direkt schädigen wollen; aber andererseits gab es natürlich eine Reihe anderer Unternehmungen von unserer Seite, für die man uns nur versehentlich nicht ins Loch steckte, wie es ja bei allen Leuten der Fall ist. Mit der Unmoral ist es nach meiner Ansicht so: Wenn es einen nicht frieren würde, wenn es kalt ist, und der Hunger nicht wegginge, wenn man ein Stück Brot ißt, dann stünde die Moral viel höher. Sicher hielten sich dann viel weniger Leute in den Gefängnissen auf.

Wir schmachteten für das bloße Gehen über eine Brücke, die noch dazu zum Gehen gar nicht besonders großartig war, weil sie eigentlich nur für die Eisenbahn bestimmt war (von der halb geschenkten Jacke will ich gar nicht einmal reden), fünf Tage im Bristoler Gefängnis.

Das Gefängnis war ganz angenehm. Wir mußten das Essen bekommen wie jeder andere, und wenn wir auch unsere Ehre leichtfertig verloren hatten, so war es doch eben angenehm, die Hände in den Hosentaschen, pfeifend in einem kleinen Kreis zwischen den Wänden herumzulaufen, die ganz besonders dick waren, damit gefährliche Leute wie wir nicht durchbrechen konnten und die Insel vor uns geschützt war.

Wir konnten auch die anderen Verbrecher betrachten soviel wir wollten, da der Wärter uns sehr anständig fand, und wenn er sagte, er habe ein scharfes Auge auf uns, so war das eher eine Schmeichelei. Er sagte beim Kartenspielen mitunter sogar, er halte es für nötig, uns Ketten anzulegen, es wären nur leider für so kleine Maße keine vorrätig. Er lehrte uns nämlich das Kartenspielen. Er war sehr dick und ziemlich krank und brauchte etwas Bewegung auf

Verordnung des Arztes und mußte daher etwas Karten spielen. Da wir nun kein Geld bei uns hatten, das Spielen ohne Geld aber wie ein Essen ohne Salz ist, überlegten wir lange hin und her, bis uns der Dicke endlich den Vorschlag machte, er wolle uns dafür Geld bezahlen, daß wir Pfeife rauchten. Das hatten wir noch nicht getan, und der Wärter meinte, es würde ihm Spaß machen, uns rauchen zu sehen. Wir schlugen zu, und er lud zu der Sache noch seinen Freund, einen Bankmenschen ein, der zwei Zellen weiter vorn saß. Die Pfeife wurde von einem andern Häftling besorgt, einem Raubmörder, sagte der Wärter, und nach ihrem Zustand muß es ein mehrfacher gewesen sein. Wir verdienten uns das Geld verdammt schwer durch das Rauchen, und wir verloren es ungeheuer leicht durch das Kartenspielen.

Aber wir hatten die Zeit gut angewendet, als wir aus dem Gefängnis in Bristol herauskamen, und etwas gelernt fürs Leben.

Der Dicke gab uns noch etwas Geld mit, so daß wir, als wir wieder nach Cardiff kamen, ins Seemannsheim gehen konnten. Es gab einen Haufen Orte in England, das konnte man sich auch ohne Landkarte denken, aber wir kannten nur Cardiff, und darum gingen wir immer wieder einfach nach Cardiff. Und in Cardiff war es das Seemannsheim, das wir kannten. Hätte man uns an irgendeinem Ort der Welt in dieser Zeit ausgesetzt, wären wir sicher wieder in Cardiff ins Seemannsheim gegangen. So faul ist der Mensch.

Es war meine erste Liebe, die mich aus Cardiff wegbrachte. Eines Tages kam ein Mann ins Seemannsheim und fragte nach einem tüchtigen Burschen, der in einem Hotel arbeiten könne. Der Wirt sagte ihm, wir trieben uns wahrscheinlich am Strand herum, und er solle sich durch unser Äußeres nicht ungünstig beeinflussen lassen.

Wir standen tatsächlich gerade am Wasser und probierten, wer am weitesten spucken könne.

Der Mann beobachtete uns eine Weile, bevor er mit seinem Antrag herausrückte; er wollte wohl sehen, was an uns dran war und wer der bessere für seine Zwecke war. Ich spuckte weiter. Mich engagierte er.

Zuerst war ich Hausdiener und hatte die Schuhe, aber dann wurde ich schon rasch Bäcker und buk die Pfannkuchen für das Automatenrestaurant.

Mein Freund blieb im Seemannsheim, ich besuchte ihn immer abends, es ging ihm sehr anständig, er aß hauptsächlich Pfannkuchen. Aber er mußte jetzt allein ins Meer spucken und das gefiel ihm nicht. Er sagte mir nichts, aber eines Abends, als ich mit einigen Pfannkuchen kam, um bei ihm in Ruhe meine Pfeife zu rauchen, war er einfach fort. Ich sah ihn nie wieder.

Dagegen sah ich im Hotel jeden Morgen ein kleines Mädchen auf dem Korridor. Sie war etwa 13 Jahre alt und Dienstmädchen. Wenn sie mich sah, lächelte sie wie eine Lady. Ich selber war jedoch ein Gentleman und zwar, trotz meiner 16 Jahre, groß wie ein Mastbaum. Ich konnte es nicht hindern, daß ich sie mitunter auf dem Korridor traf, und vor allem gab es keinen Grund dagegen, daß ich ein paar unschuldige Worte mit ihr wechselte. Ich muß sagen, daß einen nichts so oft hineinreitet als das, daß gegen irgendwas »kein Grund vorliegt«. Solche Dinge, gegen die kein Grund vorliegt, tut man immerfort. Ich zum Beispiel wechselte mit ihr ein paar unschuldige Worte, und es stellte sich sofort heraus, daß es in Cardiff gerade jetzt einen Rummel gab und daß kein Grund dagegen vorlag, daß wir hingingen. In Cardiff auf dem Rummelplatz sah ich zum ersten Mal boxen.

Und wo ich zum ersten Mal boxen sah, dort boxte ich auch zum ersten Mal. Und das kam so:

Es gab eine Bude aus Leinwand, in der geboxt wurde. Und zwar waren zwei Leute da, die fest engagiert waren, sich gegenseitig die Köpfe zu verdreschen, und außerdem konnten sich auch aus dem Publikum Leute melden, die Keile haben wollten. Das Zuschauen kostete pro Person 20 Pence. Dieser Eintrittspreis war nicht sehr hoch, ich bin immer der Ansicht gewesen, daß für Boxen nicht genug bezahlt werden kann, aber für mich in Cardiff war es doch ziemlich hoch, besonders da ich für zwei Personen zu zahlen hatte. Wenn man boxte, fiel der Eintritt natürlich weg, und als wir eine Zeitlang vor der Bude herumgestanden hatten und die Sache schon peinlich für einen Gentleman wurde, sagte ich, möglichst gleichgültig im Ton, dem Unternehmer, ich wollte mal »mit seinem Mann ein wenig reden«. Der Herr lächelte etwas schief und führte meine Dame sehr höflich auf einen freien Platz in der ersten Reihe, damit sie gut sehen könnte, wie ich »mit seinem Mann redete«. Meinetwegen hätte sie ruhig ein wenig weiter hinten sitzen können. Was brauchte sie alles so genau zu sehen! Jedoch, nun saß sie eben.

Mir legten sie zwei Handschuhe an, ich dachte: damit ich ihrem

Mann nicht zuviel Schmerz bereiten könnte, aber dann kam ihr Mann in die Seile geklettert. Er sah nicht einladend aus.

Ich habe inzwischen viele Burschen gegen mich in die Seile klettern sehen, zweifellos bessere Boxer, und ich sage die Wahrheit, wenn ich sage, daß ich eine Reihe von ihnen ganz aus dem Gedächtnis verloren habe, das heißt ich kann mich, auch wenn ich die Namen in meinem Rekordbuch lese, nicht mehr auf ihr Aussehen besinnen. Ich lese in einem Zeitungsausschnitt, daß ich in der zweiten Runde sogar angeschlagen war, also scheint mir der Mann nicht nur Gutes getan zu haben, aber auf sein Gesicht kann ich mich nicht mehr besinnen. Meinen ersten Gegner aber sehe ich noch vor mir, als hätte ich ihm erst gestern die Hand geschüttelt. Er schüttelte mir übrigens nicht nur die Hand.

Es kommt mir heute noch vor, als sei er zwei und einen halben Meter groß gewesen und so dick wie ein Ochse.

Er schien einen ganz niederträchtigen Charakter zu haben. Er sah ganz danach aus, als mache es ihm weniger aus als Weihnachtspudding zu essen, einen lebendigen Menschen, der ihm nichts Böses tun wollte, wie einen Sack voll gefühlloser Kleie zu behandeln. Nun, ich hätte *vorher* seine Fotografie verlangen müssen. Als der Gong schlug, war es für das Nachdenken zu spät. Die Sache ging an einem Juniabend vor sich. Im Zelt war es sehr heiß, die Leute saßen in Hemdsärmeln um den Ring und rauchten trotz des Verbots so sündhaft, daß man im Ring, um was zu sehen, mit einem Drillbohrer den Rauch hätte durchbohren müssen. Ich erinnere mich, daß dann, während des Kampfes, langsam die paar Ölfunzeln über uns zu schwelen anfingen. Es konnte nicht mit rechten Dingen zugehen, daß sie nicht einfach an der Tabakrauchwolke anstießen, die über dem Ring hing. Außerdem hörte ich dumpf das heisere Brüllen der fünfzig bis siebzig Zuschauer, und all das in dem Höllenlärm von einem Dutzend Drehorgeln umliegender Karusselle. Ich hatte von Anfang an eine Vorahnung, was kommen würde, es war eine sehr blasse Vorahnung. Denn was nun kam, war kein Boxkampf, sondern ein Schlachtfest. Ich wurde einfach verprügelt. Ich war billig hereingekommen, zugegeben, aber ich war dazu hereingekommen, verhauen zu werden. Der Mann machte keine weiteren Umstände mit mir. Er langte mir einfach in die Visage und stellte dort ungeheure Veränderungen her. Er schlug von links, rechts, oben und unten, er schien gar nicht erst zu zielen, und er traf immer. Er schien es mit der Muttermilch eingesogen zu haben, friedliche Leute, die nichts wollten als schlafen, wie Raubmörder zu traktieren. Meine Boxhandschuhe benutzte ich nur dazu, sie vor das Gesicht zu halten. Durch die schlug er dann durch. Dennoch blieb ich, mit einigen Unterbrechungen, wo ich mich, nur zum Ausruhen, ein wenig auf den Boden legte, die ganze Runde durch irgendwie stehen. Ich hatte keine Zeit, irgend etwas zu merken, sonst hätte ich sicher gemerkt, was ich mir heute denke: daß er mich nämlich durchaus nicht etwa so schnell wie möglich totschlagen wollte, sondern eher so langsam wie möglich. Er konnte sich nicht einfach seiner Mordlust hingeben, sondern er war verpflichtet, auf sein Publikum Rücksicht zu nehmen, das einen Kampf sehen wollte. Er gab mir also immer genügend Zeit, wieder ein wenig auf die Beine zu kommen, worauf er dann wieder seine Kunst zeigte.

Er zeigte mir die Kunst zwei Runden lang. Und es war eine große Kunst. Nach diesen zwei Runden war ich lebensmüde wie ein Hundertzwanzigjähriger, lag auf dem Rücken in einer Ecke und wünschte den Tod herbei.

Trotzdem, und obwohl ich nicht in der Lage war, Liebesabenteuer zu ersehnen, sah ich, allerdings verdammt undeutlich, an einigen Geschwülsten vorbei, über mir das Gesicht meiner Lady, die auch irgend etwas sagte. Was, konnte ich unmöglich verstehen, weil meine Ohren weiter hinten lagen. Ich hatte, was das Mädchen betrifft, mir zuerst gedacht, ich könnte ab und zu ein wenig zu ihr hinunterwinken, etwa, wenn ich gerade an ihrem Platz vorbeikäme. Das hätte sich sehr gut gemacht. Leider war ich dann durch den Kampf verhindert.

Aber ich muß auch sagen, daß sie sich ebenso gut benahm wie ich. Ich hatte vor dem Kampf, wenn auch nicht *sehr* verlockend, so doch sicher viel besser ausgesehen als danach, und doch hatte sie vor dem Kampf ihre Gefühle mir gegenüber so ziemlich verborgen. Sie hätte mich zum Beispiel niemals geküßt, wenn ich nicht ein scheußliches blaues Auge und an der Stelle, wo bei anderen Leuten ein zweites Auge sitzt, eine faustgroße Geschwulst gehabt hätte. So aber küßte sie mich.

Die Frauen sind eigenartig. Sie tun meistens etwas anderes als man will. Aber damals wollte ich doch, was sie tat. Wir gingen als weit bessere Freunde heim, als wir hergekommen waren, und im Korridor des Hotels lächelte sie von jetzt ab nicht mehr nur wie eine Lady.

Trotzdem entstand auch aus dieser unangenehmen Sache eines dieser Dinge mit zwei Seiten, von denen ich schon einige geschildert habe. Die eine Seite meiner Liebe war nämlich, daß es angenehm war, aber über die andere Seite klärten mich meine Freunde auf.

Die Sache war, nach ihren Reden, verdammt gefährlich.

In England, sagten sie, ist das mit den Mädchen nicht so einfach.

In England, sagten meine Freunde in der Hotelküche, ist es bei Leuten, die sich küssen, Sitte, daß sie heiraten. Und zwar sofort. Sonst, sagten meine Freunde, interessiert sich der Sheriff für die Sache, und der Sheriff versteht weniger Spaß als das Mädchen.

Meine Freunde hielten meinen Fall nicht für direkt gefährlich, aber sie sagten, es sei jedenfalls besser, wenn ich verschwände. Ich muß zugeben, daß es, es mag sich handeln, um was es will, natürlich immer gut ist, wenn man verschwindet.

Ich lud meine Freunde zu einem Pfannkuchenessen ein, das dann in ein Kartenspiel überging – die andere Seite des Pfannkuchenessens: für die Reise! – und am anderen Morgen ging ich, mit etwas Reisegeld, nach Barrydock.

Barrydock ist ein kleiner Hafen.

Als ich hinkam, gab es überhaupt kein Schiff zu sehen, ein sehr seltener Fall. Nach vier Tagen war das Geld meiner Freunde weg, und ich ging nach Hause. Zu Hause, das war Cardiff.

In Cardiff aber saß meine Lady.

Ich hatte es dem Mädchen natürlich nicht gesagt, daß ich fort wolle, sie hatte es sich aber wohl selbst gesagt, als sie mich vier Tage lang nicht sah.

Mein Chef wollte mich sofort wieder nehmen, er wollte mich sogar zum Chauffeur ausbilden lassen, aber ich merkte zu schnell, daß mein Mädchen jetzt scharf auf mich aufpaßte, und der Sheriff stand für mich immer im Hintergrund.

Ich aß mich etwas satt und spielte etwas Karten mit meinen Freunden in Cardiff und ging wieder auf Abenteuer nach Barrydock.

Meine Lady habe ich nie mehr gesehen. Sie war sehr angenehm.

Dann saß ich in Barrydock auf einem Geländer am Kai und spuckte in den Atlantischen und hatte Lust, mir London anzuschauen. Wenn ich bessere Augen gehabt hätte, hätte ich über den

Ozean Amerika sehen können, aber niemals London; denn das lag mir im Rücken. Nach London konnte ich nur auf einem Umweg über Alexandria in Ägypten kommen: auf einem kleinen Dampfer, der dorthin abging, konnte ich als Meßroomsteward unterkommen, und da mein Geld wieder einmal ausließ, schaute ich mir eben Alexandrien an.

Auf dem Schiff war es übrigens viel interessanter als in Alexandrien. Alexandrien sieht ungefähr so aus wie auf den Ansichtskarten, nur nicht so sauber. (Ja, wenn man keine Ansichtskarte von Alexandrien selber auftreibt, kann man auch eine von Konstantinopel benützen, mindestens die Ansichtskarten sind ganz ähnlich!) Wenn man noch sagt, daß die Frauen dort mit verbundenen Köpfen herumlaufen, kann jeder sich ein Bild machen. Ich gebe zu, ich habe etwas gegen Alexandrien, weil ich keinen Urlaub bekam und es nicht anschauen konnte.

Aber auf dieser Fahrt und den paar nächsten lernte ich eine Menge vom Leben kennen. Ich hatte lediglich den Offizieren die Betten zu machen, Stiefel zu putzen, Wäsche zu waschen. Das war sehr einfach, aber außerdem hatte ich noch mit den Leuten auszukommen, und das war viel interessanter. Es waren nicht die schlechtesten, die ich getroffen habe, nur war ihnen fast allen wohler, wenn sie einem langen und etwas langsamen Jungen mit den Stiefeln in den Rücken treten konnten, und sie legten großen Wert darauf, ihm im Vorbeigehen ein Bein zu stellen und ihn dann freundlich in die Nieren zu boxen.

Ich muß sagen, daß ich da von allem Anfang an direkt dagegen war. Es hat keinen Sinn. Ich habe es den Leuten sofort gesagt, und als es mit ihnen nicht besser wurde, habe ich einen Mann an die Kombüsenwand geworfen, damit er es merkte. Ich machte das so: es ist sehr wichtig, daß man bei einem Kampf möglichst zornig ist.

Freilich, manchmal ist man das ganz von selber, aber manchmal will es auch einfach gemacht sein. Hatte ich zum Beispiel meinen Mann an die Kombüsenwand zu schmeißen, dann gab ich mir vor allem zuerst einmal Mühe, gegen ihn aufgebracht zu sein. Ich sagte mir alles Schlechte, was zum Beispiel gegen seine Nase gesagt werden konnte, und wenn er nur herschaute, sagte ich mir gleich: wie frech der wieder herschaut! Außerdem ließ ich mir möglichst viel gefallen von ihm und sagte immer zu mir: tue erst was, wenn es gar nicht mehr auszuhalten ist. Das erzürnt einen nämlich am

meisten, und am besten ist es, wenn man seinen Zorn so gut unterdrückt, als man kann, dadurch wächst er kolossal. Am Schluß genügt eine Fingerbewegung von deinem Mann und du wirfst ihn an die Kombüsenwand. Diese Methode ist viel besser, als wenn man mit kaltem Blut zuschlägt. Die meisten Roheiten, die ich gesehen habe, sind durch zu kaltes Blut entstanden, nicht durch zu heißes.

Wenn ich es blindlings gemacht hätte, hätte ich nie wissen können, ob ich nicht gerade zornig geworden wäre, wenn kein Mensch sonst dabei gewesen wäre, und dann wäre es ganz umsonst gewesen. So aber konnte ich es einrichten, daß genug Leute dabei waren, und einfach im günstigen Moment loslegen. So merkten sie es rasch, was ich nicht gern hatte.

Mein Leben wurde jetzt viel besser. Ich merkte, daß gerade der Mann, den ich geworfen hatte, mich zu einem Kartenspielchen herholte, und zwar nicht etwa aus Besorgnis, denn wenn er auch zornig gewesen wäre, hätte ich ihn nicht so leicht niederschlagen können, nur weil er an nichts Schlimmes dachte, sondern aus reiner Zuneigung, und weil ich eben in Betracht kam.

Es ist das wichtigste im Leben, daß man in Betracht kommt.

Aber noch besser als das, daß ich darauf kam, wie gut es ist, wenn man stark ist und sich darüber nicht geniert, war es, daß ich sozusagen in der gleichen Zeit lernte, daß das Starksein allein nicht genügt. Und das lernte ich aus der Geschichte mit dem Schiffskoch.

Der Schiffskoch war ein Nigger. Er hieß Jeremiah Brown und war eigentlich nur der schwarze Inhalt einer weißen Uniform. Er war das Eingebildetste, was ich je gesehen habe. Wenn er mit einem von uns redete, sah er immer noch gleichzeitig auf die Uhr oder tat irgend etwas andres, damit man sehen konnte, daß ihm alles andere wichtiger war als das Gespräch. Seine ganze Küche hatte er austapeziert mit Fotografien, auf denen er vom General bis zum Hausbesitzer – in einem Schaukelstuhl, vor einer zweistöckigen Villa – alles war, was ein Niggerhirn an Glanz sich ausdenken konnte.

Dieser Mann erteilte mir eine empfindliche Lektion.

Die ganze Geschichte fing damit an, daß Brown mich meiner Stärke wegen zum Kohlenschleppen und Brotbacken heranholte, und gegen Brown konnte ich nichts machen, da er mit den Offizieren gut stand, die ihren Privatspaß mit ihm hatten. Aber als sich meine Arbeiten für die Küche in die späteren Abendstunden hinzogen, wurde ich doch ein wenig erfinderisch; denn auf der einen Seite braucht man allerdings zum Kohlenschleppen starke Leute, andererseits aber sind gerade starke Leute in der Lage, sich vor Zumutungen zu schützen. Ich begann damit, Jeremiah so oft wie möglich seine schwarze Hand zu schütteln, und zwar so herzlich wie möglich. Ich tat dies am liebsten, wenn Leute herumstanden, damit sie sehen konnten, wie sympathisch er mir war, und er konnte dann auch nicht fluchen, wenn ich ein wenig fest zufaßte. Leider machte ich von Anfang an den Fehler, die Leute davon zu verständigen, so daß er merkte, wie sie auf ein Schmerzensgeheul von ihm warteten. Er war so eitel, daß er lieber jeden Schmerz aushielt, als daß er vor allen Leuten geschrien hätte. Ich mußte also weitergehen. Ich glaube, dies war mein erster Kampf mit einem Mann, und ich lernte, wie gesagt, eine Menge dabei.

Eines Nachmittags kam Brown in seine Kombüse und merkte sogleich, daß ihm etwas fehlte. Es waren außer mir noch einige andere in der Kombüse, und Brown wußte, daß wir ihn beobachteten.

Die gesamten Fotografien waren verschwunden. Jedermann auf

dem Schiff wußte, daß der Koch an nichts auf Erden so hing wie an seinen Fotografien. Wir waren auf sein Gesicht gespannt. Brown sah sich langsam um und betrachtete die leeren Wände. Er stand ganz ruhig da und schaute sie der Reihe nach an. Er sah eigentlich nur ein wenig nachdenklich aus.

Dann sah er gleichgültig zu uns herüber, drehte sich um und ging an den Herd, Tee kochen.

Wir waren sehr enttäuscht von der Sache.

Am nächsten Tag schickte der Koch nicht mehr nach mir, und von nun an schleppte ihm ein Schiffsjunge seine Kohlen herbei. Ich merkte nun, daß die Offiziere anfingen, mich schlechter zu behandeln. Er mußte ihnen etwas gesteckt haben.

Ich glaubte, er habe eingesehen, daß er mir doch nichts beweisen könnte, und wolle sich lieber gar nicht mehr mit einem solchen Menschen wie mir herumärgern. Er konnte ja bei seinen Verbindungen leicht erreichen, daß ich in Konstantinopel nicht mehr angeheuert wurde.

Aber nach zwei bis drei Tagen, als ich an der Reling lehnte, stand plötzlich Brown hinter mir; als ich mich zu ihm umdrehte, lächelte er. Dann fragte er, ob ich nicht Lust hätte, zu ihm in die Kombüse zu kommen und eine Tasse Tee mit ihm zu trinken. Und tatsächlich, als ich in der Kombüse saß, machte er Tee für mich und trank mit mir.

Ich dachte, er würde von den Fotografien anfangen. Er hätte sie vielleicht von mir wiederhaben können. Aber er sagte kein Wort über die Fotografien. Er redete über das Wetter und erzählte von San Francisco.

Ich weiß nicht mehr, wie er es anstellte, mich nicht mißtrauisch zu machen. Wir saßen jeden Tag zusammen, und er erzählte. Nach einigen Tagen bekam ich Lust, von seinen Fotografien zu reden, natürlich in ganz allgemeiner Weise. Ich sagte, daß es mir leid täte, ob er sie nicht vermisse und zurückhaben wolle.

Er sah mich freundlich an und lenkte das Gespräch ab. Es schien ihm nicht die Bohne mehr an seinen Fotos zu liegen.

In Konstantinopel wurde ich bezahlt und nicht mehr mitgenommen. Der Koch war in einer peinlichen Lage. Er hatte es erreicht, daß ich hinausgeworfen wurde, aber jetzt hatte er sich mit mir inzwischen angefreundet und konnte nichts mehr machen.

Wir gingen zusammen in Konstantinopel an Land, und Brown warnte mich, mein Geld hinauszuwerfen. Er redete mir ungeheuer eindringlich ins Gewissen. Er sagte, es sei ihm um jede Flasche Wein leid, die wir in Unverstand hinunterschütteten. Ich solle mein Geld aufsparen, bis es mehr sei und man damit etwas anfangen könne.

Am nächsten Tage kam er wieder und sagte mir, er habe auch genug von gerade diesem Schiff, er habe jemand getroffen, der ihm eine Stelle bei einem Boot verschaffen könnte, das mit Schnaps nach Trinidad gehe. Dabei könne ich als zweiter Koch mitkommen. Ich schlug natürlich sofort ein. Wir machten die Sache fest. Das Schiff lief zuerst London an.

Ich sollte in London erfahren, warum mich der Koch bei sich haben wollte. Auf dem Schiff konnte ich es nicht merken, ich dachte, es sei Sympathie für mich. Er hatte sich neue Fotos gekauft in Konstantinopel, und ich dachte, er hing sie hauptsächlich deswegen in seiner neuen Küche auf, damit ich wußte, er trauere den alten nicht mehr nach. Dabei hatte ich diese noch vollzählig in meiner Schiffskiste.

Ich hatte vor, in London abzuhauen und mit meinem ersparten Geld einen kleinen Besuch zu Hause zu machen. Es sollte nicht dazu kommen, denn ich war in einen Kampf verwickelt und, was schlimmer war, ich wußte es gar nicht. Die Freundschaft des Kochs war lediglich der zweite Teil unsres Kampfes: es war der weitaus gefährlichere.

Brown war direkt rührend zu mir. Er veranstaltete auf Deck kleine Schaukämpfe, »um meine Kraft zu zeigen, die es ihm, dem Koch, angetan habe«. Wir rangen aber mehr als wir boxten. Brown saß dann auf einem kleinen Schemel dabei, schaute mir entzückt grinsend zu und machte alle Augenblicke die Umstehenden auf einen Trick oder etwas Ähnliches von mir aufmerksam. Auch liebte er es sehr, meine Muskeln anzufassen und sie dann wie ein Kenner zu loben.

Es war ein gefährlicher Bursche. In London machte er mich fertig. Es geschah gleich am ersten Tag in London, einem sehr hübschen Tag mit einem sehr dicken Ende. Ich hatte Brown bei einem Glas Rum aus Freundschaft erzählt, daß ich in London abspringen wolle, und er hatte mir dringend geraten, meine Sachen schon am ersten Tag an Land zu schaffen. Er wollte mir selber dabei helfen, tat es auch, und so vertäuten wir meine Kiste in einem billigen Boardinghaus und gingen zu zweit Arm in Arm zu einem kleinen Bummel über.

Wir tranken zusammen in mehreren Lokalen mehrere Getränke, wir besuchten zusammen mehrere Tanzlokale; dazwischen aßen wir zusammen und unter anderm gingen wir zusammen, wie ich noch ganz deutlich weiß, auf besonderen Wunsch des Kochs zu einem Fotografen. Dort ließ mich Brown aufnehmen, und zwar mit hochgekrempelten Hemdsärmeln, in einer Art Boxerstellung. Wir holten das Bild ein paar Stunden darauf zusammen ab, und Brown ließ es sich nicht nehmen, es zu bezahlen. Dann gingen wir in einem ganzen Atlantischen Ozean von Whisky unter – zusammen, wie ich glaubte.

Aber als ich am nächsten Morgen in meiner Koje aufwachte, merkte ich, daß ich allein untergegangen war: der Koch sah sehr frisch und wohlgehalten aus. Ich begriff gar nicht, warum er um seinen Schädel kein nasses Gläsertuch gewickelt hatte. Erst als ich, am Nachmittag, in mein Boardinghaus ging, fing ich an zu begreifen.

Meine Kiste war weg. Ich hätte sie selber abgeholt, in einer Droschke, allerdings in angetrunkenem Zustand, nach Ansicht des Hoteliers. Wahrscheinlich hätte ich sie in der Droschke liegen lassen.

In der Kiste war alles, was ich hatte.

Ich ging sofort an Bord zurück. Der erste Mann, der mir begegnete, war der Koch Brown. Er sah ganz ungemein vergnügt aus und sagte mir sogleich, bevor ich überhaupt den Mund aufmachen konnte, er habe seine alten Fotos wiedergefunden, in einer dreckigen Kiste, die er gleich weggeschmissen hätte. Dabei schaute er mich aufmerksam und offen an. Ich weiß noch, daß in mir in diesem Moment nichts steckte, was wie Zorn aussah: es war mir einfach übel.

Ich ging ruhig an ihm vorbei und legte mich in meine Hängematte. Ich hatte genug von der Welt.

Nach ein paar Tagen, die ich immer auf Deck zubrachte, ging das Schiff nach Trinidad weiter. Von dieser Reise mag ich überhaupt nicht reden. (Am Schluß der Fahrt ließ mich Brown noch vier Schillinge »für einen angebrannten Topf« bezahlen!) Ich hatte meine Lehre zu verdauen, daß die Sache mit der Kraft ihre zwei Seiten hat. Einerseits bekamen die Schwächeren die Prügel, aber andererseits bekommen die Klügeren das Geld.

Dieser Nigger hatte jetzt in seiner Kiste wieder alle seine Fotos, an denen sein Herz hing, und außerdem noch eine dazu, eine neue, von einem frisch ausschauenden, ungeheuer dummen jungen Burschen mit sehr starken Muskeln.

Als wir wieder in London ankamen, hatte ich furchtbar genug von Seeschiffahrt. Ich hatte doch wieder an die zwanzig Pfund zusammengekratzt und beschlossen, nach Hause zu fahren.

Ich kaufte einen neuen Anzug aus dickem guten Stoff, eine große Mütze und hübsche Schuhe und fuhr nach Hamburg.

Ich fuhr erster Klasse.

In Hamburg sah ich sofort nach den Zugverbindungen, und dann ging ich, da der Zug erst gegen Abend ging, noch ein wenig nach St. Pauli, um »den Rummel ein bißchen im Vorübergehen anzuschielen«.

Dort blieb ich vier Tage.

Daran waren sozusagen viele Leute schuld.

Der Dom war gerade in vollem Schwung, und ich fuhr mit vielen Leuten auf der Achterbahn, ging mit einer ganzen Kompanie in das Kellerhypodrom und betrachtete mit einer mindestens zehn Mann starken Bande im Panorama alle Unglücksfälle, die es überhaupt gab auf der Welt.

Eine ganze Armee netter, freundlicher und mich schätzender Leute fraß meine zwanzig Pfund auf.

Nach diesen vier Tagen fingen die Leute an, weniger nett und weniger freundlich zu werden und mich auch weniger zu schätzen. Und am Schluß kannten sie mich überhaupt nicht mehr und hatten mich nie gesehen. Trotzdem war das weniger unangenehm, als daß *ich* mein Geld nicht mehr sah.

Besonders hatte ich eine gewisse Schiffsschaukel mit meinem und meiner lieben Freunde Besuch beehrt. Am dritten Tag hatte der Mann, dem sie gehörte, mich nurmehr persönlich bedient. Er konnte einen Gast wie mich nicht von gewöhnlichen Schaukelburschen bedienen lassen.

Jetzt wandte ich mich an ihn, und er hatte soviel Anstand, mich als Schaukelburschen anzustellen. Ich bekam eine Mark am Tag, und ich war acht Tage dort. Schon am ersten Tag entdeckten mich meine Freunde, und es war natürlich ein ganz besonderer Spaß für sie, bei mir zu schaukeln. Sie schleppten alle möglichen Burschen heran, die bezahlen konnten wie vordem ich, und legten den größten Wert darauf, daß ich sie bediente.

Es war angenehm für sie, mir gewisse barsche Befehle zu erteilen, sie stemmten sich, wenn ich die Schaukel in Bewegung setzte, dagegen und brüllten, ich brächte sie erst hoch, wenn das Musikstück schon halb vorüber sei, und sie gaben mir nie Trinkgeld. »Der Mann«, sagten sie, »ist schwer reich, der könnte uns alle aushalten, wenn er wollte.« So verdiente der Besitzer noch einmal einen Haufen Geld mit mir.

Ich erzähle aber gerade diese Geschichte hauptsächlich wegen zweier Punkte. Erstens: ich denke mir, daß es vielen ärgerlich gewesen wäre, jetzt die gleichen Leute zu bedienen, die sie vorher freigehalten haben. Aber mir machte es gar nichts aus. Ich bediente sie ebenso gern wie andere, ich kümmerte mich gar nicht um sie, es war ganz gut, daß die Schaukel durch mich Besucher bekam. Es waren dumme Leute, daß sie nicht wußten, daß man einmal Glück hat und einmal nicht so sehr.

Der zweite Punkt ist, daß ich natürlich immer noch etwas Geld hatte, als ich zu arbeiten anfing. Ich ließ es nicht ganz ausgehen. Ich war dumm, aber nicht so, daß es mir nichts mehr hätte nützen können, wenn ich gescheit wurde. Mit dem Geld ist es so wie mit dem Autofahren, das sah ich, als ich in New York eine Taxe hatte. Sie können mit Ihrem Karren in eine Lage kommen, wo Sie viel dafür geben würden, sie dazu zu bringen, stehenzubleiben. Aber Sie dürfen den Motor nie absterben lassen. Wenn er weg ist, können Sie mit Ihrem Wagen nichts mehr anfangen.

Nach acht Tagen hatte ich genug, um ein Billett nach Bremen zu bekommen (vierter Klasse). Und in Bremen kriegte ich eine Stelle als Kohlentrimmer auf dem »Kaiser Wilhelm der Große«, der nach New York ging. Es ging mir nicht besonders in Bremen, aber ich wäre nicht auf den »Kaiser« gegangen, wenn ich so nicht hätte nach New York kommen können. Damals war für mich alles, was mich weiterbrachte, ein Freibillett.

Bei unserem ersten Aufenthalt in New York glückte es mir allerdings nicht, abzukommen. Man mußte sich immer gleich für Hin- und Rückfahrt verpflichten. Aber beim zweiten Mal brachte ich beim Ausbooten meinen Fuß ein wenig zwischen die Boots- und die Schiffswand, und da mußte man mich in das Hobokener Hospital schaffen. Ich war nicht sehr krank. Schon einen Tag, nachdem der »Kaiser Wilhelm der Große« New York verlassen hatte, konnte ich ausgehen.

Aber zunächst konnte ich in Amerika noch nicht dauernd bleiben. Ich mußte noch ziemlich viel Fahrten machen. Nacheinander war ich bei der Atlaslinie, die nach Westindien fährt und Bananen holt, bei der Morganlinie, die nach New Orleans fährt und Baumwolle holt, und bei der Clike Linie, die nach Charleston fuhr. Die beiden letzten Linien sind amerikanische Linien, und von da ab fuhr ich nurmehr auf amerikanischen Schiffen. Auf den amerikanischen Schiffen gibt es besseres Geld, besseres Essen, mehr Arbeit und mehr Sport als auf allen anderen, auch den deutschen.

Um diese Zeit, es war um das Jahr 1907, fuhr ich auch zwischendurch einmal nach Afrika und zwar mit einem Segelschiff, einem großen Viermaster. Er gehörte der Standard Oil und sollte Petroleum nach Südafrika bringen.

Wir brauchten zwei volle Monate, bis wir da waren. Wir waren etwa dreißig Mann Besatzung und mußten sehr hart arbeiten. Als Kohlentrimmer waren wir alle vier Stunden abgelöst worden, hier waren wir immerfort »in der frischen Luft«. Außerdem ist so ein Segelschiff nichts eigentlich Solides. Es ist sozusagen eine verdammte Privatsache. Ich bin nicht für Segelschiffe.

Als wir in Kapstadt waren, hatte ich gar keine Lust, wieder mit dem Kasten zurückzufahren, und viele andere auch nicht. Mit diesen zusammen arbeitete ich in dem kleinen Hafen acht Tage lang als Fischer. Es war nun gar kein aussichtsreicher Beruf, und da gerade kein anderes Schiff kam, das zum Beispiel nach Indien gefahren wäre und uns mitgenommen hätte, fuhren wir alle wieder mit zurück. Wir nahmen nur Ballast mit, hauptsächlich Dreck und Steine.

Außerdem hatten wir allerdings noch einen Ballast. Das war der Neger Kongo. Dieser Schwarze war ein richtiger Boxer, ziemlich der erste, mit dem ich näher zusammenkam. Er war sogar ein ganz guter Mann, er hatte viel in Afrika geboxt, aber sein ganzes Geld durchgebracht, deshalb arbeitete er sich nach Amerika zurück.

Er hatte die Gewohnheit, immer mal wieder vier volle Wochen nichts zu tun als zu trinken. Wenn man mit ihm darüber sprach, behauptete er, daß er, wenn er getrunken habe, ein viel besserer Mann sei, ein Mann, den man mit dem nüchternen, gewöhnlichen, alltäglichen Kongo überhaupt nicht vergleichen könne.

Er teilte sein Leben nur nach Trinkzeiten ein. Alles andere vergaß er, die Zeiten seiner Besoffenheit aber hob er sich in seinem Gedächtnis auf. Er konnte sich nicht erinnern, was in einem bestimmten Jahr gewesen war, wo er gearbeitet, wo er geboxt, wo er gewohnt hatte, aber er wußte, daß er in dem und dem Monat in New Orleans getrunken hatte oder in Kapstadt oder in Montreal.

Und ich glaube nicht, daß er einen da anlog, was das Trinken betrifft, obgleich er in allen Dingen fürchterlich log. Er hätte einem in vollem Ernst erzählen können, daß ihm ein Haifisch seinen linken Arm weggebissen habe, und wenn diejenigen, die gerade zuhörten, ihm seinen gesunden linken Arm gezeigt hätten, sagen können: »Ja, das ist eigentümlich, meint ihr nicht auch?«

Aber es war etwas Großartiges an ihm, wie er zum Beispiel jetzt auf dem Segelschiff herumarbeitete, auf dem er sich nicht auskannte und eine Arbeit tat, die ihn so anstrengte, daß er fortgesetzt hustete und auf eine neue Trinkzeit in Amerika wartete. Er zeigte mir zum ersten Mal das Boxen.

Das Renommee

Ein Boxerroman

Einige Punkte aus dem Boxerroman

I

Bei diesem Boxerroman ist das Boxen nicht die Hauptsache, obwohl auch daraus, alle verstreuten Stellen zusammengenommen, einige spannende Druckseiten herausgeholt werden. Aber interessanter ist es schon zu sehen, wie ein Mann durch Boxen Geld und Ruhm verdient und wie er es anfängt, daß er dann den Ruhm noch einmal zu Geld macht, kurz: wie ein Mann »sich macht«. Interessant, wie alle möglichen Leute bestrebt sind, einen Helden zu bekommen, das heißt, einen guten Mann immer noch besser haben zu wollen, als er ist, und ihn mit sanftem Zwang kleiner Zeitungsnotizen und wohlgemeinten beiläufigen Erkundigungen bei Zigarren und Cocktails nach dem Stand seines Muts und, wenn es sein muß, mit einem höllischen Privatleben-, Gesellschaft- und Presseklamauk in einen Weltrekord hineinhetzen, kurz: wie ein Mann »gemacht wird«. Ganz im allgemeinen: der ganze dornenreiche und verlockende Weg eines Mannes, der außer allen Gesellschaftsklassen steht, aus einer Marseiller Hafenkneipe heraus, durch die Pariser Salons, in eine internationale tobende Kampfarena auf Kuba, der Weg von dieses Mannes Begabung für primitive Keilerei zu raffinierter Boxkunst, von natürlichem Instinkt für Sichdurchsetzen zu mit allen Wassern gewaschener Praxis in Geschäfts- und Reklametricks.

2

Der Roman folgt in einigen Zügen dem Weltmeisterschaftskampf Dempsey/Carpentier. Der Held ist George Carrare (ein Typ wie Carpentier), der im zweiten Kapitel des Romans in einer Hafenkneipe von Marseille bei einer Keilerei als Boxer entdeckt wird. Der Untersuchungsrichter, der ihn zu der Höchststrafe von drei Wochen Haft wegen eines übrigens erstklassigen Kinnhakens verurteilen muß, ist zufällig ein enragierter Freund des Boxsports und läßt George, den er, weil er ein Feind von Keilerei ist, ins Kittchen gesteckt hat, aus seiner Tasche zum Boxer ausbilden. Nach Verlauf eines Jahres voll sensationeller Erfolge wissen die Zeitungsleser eines ganzen Erdteils, daß der »schöne George« ein Gentleman erster Klasse ist, aber nur George weiß, daß er kein Boxer erster Klasse ist. Dies ist sein Geschäftsgeheimnis, und Georges Existenz hängt davon ab, daß niemand erfährt, daß ihn, als er schon die Europameisterschaft in der Tasche hat, ein New Yorker Amateur von nur halb so großem Gewicht, Billie Mike, im übrigen sein Freund, im Hinterzimmer einer Pariser Bar nach einem kleinen Zank durch überlegene Technik ausgeknockt hat. Von diesem Moment an ist Georges anfänglicher Glaube, er sei erste Weltklasse, für immer erschüttert, und mit seinem ganzen gesunden Menschenverstand nützt er seine Fähigkeit, Leute zu behandeln, und seinen natürlichen Charme, durch den er nicht nur die Frauen von Paris, die wie eine blutgierige Meute hinter dem eleganten Burschen her sind, für sich hat, aus, sich ein gesundes gutbürgerliches Bankkonto anzulegen. Er wird darin nie unangenehm. Es macht ihm wirklich Spaß, vor allem ein Gentleman zu sein, aber er weiß, was er tut, wenn er für eine Modefirma die Kreierung eines Frühjahrsstrohhuts gegen die Verpflichtung der Firma übernimmt, unter sämtliche Fotos den Satz: »Auch der Tiger kann elegant sein!« zu setzen. Als er kurz nach seinen ersten Ringtriumphen Gloria Lagrange (Vater Franzose, Mutter Engländerin) in einer Gesellschaft kennengelernt hat, in die ihn sein Freund Billie Mike eingeführt hat, ein blutjunger New Yorker Zeitungsbesitzer, der in allen Boxschulen zu Hause ist und ab und zu zu einem Hauptspaß einen »gewöhnlichen« Boxer in elegante Gesellschaften einschmuggelt, mußte er noch, um Gloria Billie auszuspannen und dieses zigarrenrauchende und freigeistige, aber im Grund konservative Mädchen zu heiraten, diese Heirat auf Wunsch Glorias einfach der Gesellschaft gegenüber verheimlichen. Jetzt, wo seine Fotografie die Damenwelt Madrids zerstört, ist ihm nichts wichtiger, daß das niemand in Europa erfährt, daß er gutbürgerlich verheiratet ist. Und jetzt ist es Gloria, die nicht damit zufrieden ist, daß sie auf seiner späteren Fahrt nach Amerika als seine Schwester fungieren muß.

Und nun beginnt das Kesseltreiben zweier Kontinente, die mit Zeitungsartikeln, Privatwetten, gesellschaftlichen Repressalien den schönen George in einen Kampf um die Weltmeisterschaft hineintreiben. Er tut alles dagegen, mit dem gefürchteten Jack antreten zu müssen, aber sein eigener Manager, der große Solve selber, dem er natürlich noch weniger als sonst jemandem reinen Wein einschenken darf, sucht seine Ehre darin, den Kampfvertrag zustande zu bringen. Und als er schon, er weiß gar nicht, wie es gekommen ist, auf dem Schiff ist, das ihn nach New York bringt, und während seiner Trainingswochen dort, gibt es für ihn dort außer dem Kampf, den er nicht machen will, und dem Renommee, das er halten muß, noch eine Privatsache, die im Grunde das wichtigste von allem ist: der unerschütterliche Entschluß Glorias, aus einem Mann dreier Erdteile einen Mann Gloria Carrares zu machen. Gloria schwärmt nicht gerade für Billie, der ein Windbeutel ist, sie weiß, noch würde es ihr etwas ausmachen, wenn sie es wüßte, daß Billie außerdem noch ein Boxer allererster Klasse ist, ein wirkliches natürliches Boxgenie, ohne Schulung und Training, das sich zu George verhält wie Edison zu dem zu Geld kommenden Erfinder des Ago-Patents, aber Billie scheint ihr durchaus geeignet, George eifersüchtig zu machen. Und Billie nützt außerordentlich raffiniert den kleinen Umstand aus, daß Gloria vor aller Welt lediglich Georges Schwester ist. Natürlich ist zwischen Billie und Gloria absolut nichts los, denn Gloria ist ebenso in George verschossen wie alle anderen Frauen in Georges Nähe, aber George findet, daß die beiden es vor seinen Augen schamlos treiben, und er ist weit weniger gleichgültig, als Gloria meint, wenn er in der Wohnung, die er in New York während seines angestrengten Trainings eingerichtet hat, den fröhlich pfeifenden Billie Mike einziehen sieht und abends gegen den großen Solve flehentliche Beschwörungen noch nach New York fahrend Billie Glorias Dienstmädchen entlassen hört. Dabei wartet Gloria doch einfach darauf, daß er Billie hinauswirft und dadurch zeigt, daß ihm etwas an ihr liegt. Aber George hat allen Grund, gegen Billie so sanft wie möglich zu sein, denn Billie ist ein viel besserer Boxer als er, aber ein viel schlechterer Gentleman, und Diskretion zum Beispiel hält Billie für eine Erfindung des Höhlenmenschen. Und wenn Billie zum Beispiel über einen gewissen Kampf in einem gewissen Pariser Hinterzimmer sprechen würde, dann würde das Gelächter New Yorks George begraben. Kurz vor der Abreise nach Kuba kommt es zu einer Kulmination. Gloria weigert sich, nach Kuba mitzukommen, und Billie sagt »Gloria zuliebe« seinen Kampf in Kuba, den er am gleichen Tag wie George den seinen machen soll, ab. Daraufhin schmeißt George Billie denn doch hinaus. Und zwar angeblich wegen eines ruinierten Möbelstückes, in Wirklichkeit aber, weil er langsam toll vor Eifersucht geworden ist. Natürlich hinterbringt nun der nicht eben gentlemanlike Billie Gloria prompt Georges Geschäftsgeheimnis: die Wahrheit über Georges Boxkunst. Zu seinem Erstaunen ist es Gloria gleichgültig, ob George als Boxer Klasse ist oder nicht, obwohl Gloria im allgemeinen Männer, die in ihrem eigenen Beruf nicht erstklassig sind, nicht ausstehen kann, aber was Gloria im Innersten empört, ist Georges Feigheit, ihr so etwas einfach zu sagen, und seine schimpfliche Bereitwilligkeit, sie lieber den Attacken Billies auszusetzen, als die Welt die Wahrheit wissen zu lassen. Drei Tage vor Abgang des Dampfers nach Kuba läuft Gloria weg.

George ist in Verzweiflung. Er erwägt sogar, nicht nach Kuba zu fahren, aber er kann dem großen Solve in einer ziemlich stürmischen Auseinandersetzung doch nicht standhalten. Solve schwört, ihn tot oder lebendig in Kuba abzuliefern. Vom Kai aus sieht Gloria zornerfüllt, wie George nach Kuba abfährt, und erst nach einer schlaflosen Nacht in einem Hotel auf Manhattan erkennt sie, daß er in einen Kampf hineinfährt, von dem er wissen muß, daß er in ihm unterliegen wird. Langsam gehen ihr die Augen auf über diese besondere Sorte Mut. Vier Stunden nach dieser Erkenntnis befindet sie sich auf der Fahrt nach Kuba.

In dem irrsinnigen Trubel auf Kuba, wo zwei Nächte lang eine brüllende Menschenmenge vor der Kampfarena kampiert, kommt sie mit George, einem benommenen, von Zeitungsleuten zerrissenen, allem Privatleben meilenfernen George, nur für Minuten in Berührung. Fünf Minuten vor dem größten Kampf seines Lebens ruft ihm Gloria lachend zu, er könne sich ihretwegen alles kaputtschlagen lassen, nur nicht seine hübsche Nase, denn sonst sei es mit dem Filmen aus, und da stecke mehr Geld drin als im Boxen. Und so unwahrscheinlich es klingt, George geht erleichtert in seine Niederlage.

Eine Stunde später liegt George Carrare, drei Pfund Mullbinden um den Kopf, aber eine Zigarre in dem zerschlagenen Gebiß, und fröhlich wie ein Kind, daß alles vorüber ist, in einer kleinen Box unter der 30 000-Menschen-Arena: der Krampf fällt von ihm ab, er kann nicht mehr gezwungen werden, der größte Boxer der Welt zu sein.

Die Technik des Romans ist so gedacht: Verflechtung sehr vieler, möglichst scharfer Detailszenen, ähnlich wie im Film. So beginnt der Roman in einem Managerbüro in New York, wo Aron B. Mazzles, Manager des großen Jack, des Weltmeisters im Schwergewicht, über einer Flasche Whisky brütet. Mazzles hat Sorgen mit seinem Mann. Für den Manager ist der Mann sein Kapital, und wenn der Boxer schlecht boxt, dann werden für den Manager die Rumpsteaks rar. Und dasselbe geschieht sogar, wenn sein Mann heiratet, denn dann wird er schlecht boxen. Also verhindert zum Beispiel der Manager, daß sein Mann heiratet. Wenn aber Jack zum Beispiel seltsamerweise trotzdem geheiratet hat und vorauszusehenderweise also jetzt schlecht in Form ist, die Zeitungen aber von ihm einen Kampf sehen wollen, dann muß Aron B. Mazzles für Jack einen Gegner suchen, den sein Mann kaputtschlagen kann, der aber gut genug ist, daß man mit diesem Sieg den Zeitungen das Maul stopfen kann. Zweites Kapitel: Ein Matrose, namens George Carrare, schlägt·in Marseille einen Kohlentrimmer zu Boden und kommt vor Gericht.

Oder: Geraume Zeit, bevor der Kontrakt zwischen Jack und George geschlossen ist, wird auf Kuba von weitblickenden Spekulanten eine 30000-Mann-Arena ausschließlich für diesen Kampf errichtet. Der Roman steuert in jeder Szene, vom Anfang bis zum Ende, auf den Weltmeisterschaftskampf auf Kuba zu, an dem die Interessen aller Romanfiguren mehr oder weniger hängen.

4

Milieu: Marseille. Paris. New York. Kuba. Bars. Salons. Trainingsquartiere. Schiff. Managerbüros. Zeitungsredaktionen.

Einen großen Teil der Handlung machen aus Zeitungsaktionen und Schiebungen in bezug auf die Kampfbörse.

Beispiele für Zeitungsaktionen: Bei Georges Aufstieg (in Frankreich) sind zunächst die Zeitungen für ihn. Dann merkt er, wie die wichtigste Zeitung anfängt, gegen ihn zu sein (wie er erkennt, hauptsächlich, weil alle anderen für ihn sind). Er hilft sich damit, daß er in die Sportredaktion irgendeiner anderen Zeitung, die in Boxerkreisen nicht besonders geschätzt wird, einige Leute schickt, die dem Redakteur nahelegen, es nicht zu riskieren, über George schlecht zu schreiben, worauf der Redakteur natürlich sehr schlecht über George schreibt. Darauf schwenkt die große Zeitung für George ein. Nicht wahr?

Als er um den französischen Titel kämpft, schreiben seine Feinde wochenlang, sein Gegner sei zu alt. Daraufhin setzt Georges Manager alles daran, den französischen Champion zuerst mit einem internationalen guten Mann zusammenzubringen, und bezahlt diesen internationalen Mann dafür, daß er den französischen Champion über die Runden gehen läßt. Der Champion kämpft mit dem internationalen Mann unentschieden, wodurch er beweist, daß er nicht zu alt ist. Dann schlägt ihn George in der dritten Runde k. o. Ähnliches wiederholt sich in ganz großem Maßstabe beim Weltmeisterschaftskampf. So schickt Aron B. Mazzles, weil die öffentliche Meinung Amerikas nichts von der Qualität des europäischen Boxsports hält, zuerst einen guten Amerikaner nach Europa gegen George vor, bezahlt den Amerikaner aber dafür, daß er unentschieden boxt. Es ist in diesem Fall hinausgeworfenes Geld, da George den Amerikaner in der zweiten Runde kaputtschlägt.

Diese Schiebungen sind dann natürlich immer noch reichlich mit Privatangelegenheiten durchsetzt. Die Verflechtung von Zeitung, Gesellschaft und Sport zu zeigen, ist ein Hauptmotiv des Romans,

5

dessen Moral etwa die ist, daß es für einen Mann nichts Gefährlicheres gibt als ein allzu hartnäckiges Kleben an seinem Renommee. Solch ein Mann ist immer umgeben von einer Sorte von Leuten, die ihrerseits alles tun, um ihr eigenes Renommee durch ihn hochzupumpen oder, was noch viel schädlicher ist, das seine zu benutzen, das ihre nicht zu verlieren, und kommt dadurch in einen ganz unnatürlichen Rekord hinein, dem er gar nicht gewachsen ist und der ihn nur ruiniert. Dies soll aber an einem Mann gezeigt werden, der gesund genug ist, daß er all diese Treibereien, die auf jeden Erfolg ebenso sicher folgen wie Bauchweh auf zuviel Eskimoeis, ohne Schaden zu nehmen, übersteht.

Boxerroman

Bei diesem Boxerroman ist das Boxen nicht die Hauptsache, obwohl auch daraus ein paar spannende Druckseiten herauszuholen sind. Aber interessanter ist schon zu sehen, wie ein Mann durch Boxen Geld und Ruhm verdient, und wie er es macht, daß er dann den Ruhm noch einmal zu Geld macht. Und was die Zeitungen oder einzelne Leute darin treiben, wenn sie aus einem Mann einen Helden machen müssen. Mich interessiert zum Beispiel, wie der Manager aus seinem Mann einen anständigen Kampf herausholt, denn sein Mann ist sein Kapital, und wenn der Boxer schlecht boxt, dann werden für den Manager die Rumpsteaks rar. Und dasselbe geschieht sogar, wenn sein Mann heiratet, denn dann wird er schlecht boxen. Also verhindert zum Beispiel der Manager (aber wie?), daß sein Mann heiratet. Damit fängt übrigens der Roman an. Er fängt in New York an zu einer Zeit, wo der Hauptheld noch als Matrose zwischen Marseille und Aden herumpendelt. Der Manager des Weltchampions (gedacht ist an Dempsey) sucht für seinen Mann einen passenden Gegner, den sein Mann kaputtschlagen kann, der aber gut genug ist, daß man mit diesem Sieg den Zeitungen das Maul stopfen kann. Der Champion ist in schlechter Form, da er eine hübsche Frau geheiratet und seine Boxhandschuhe an den Nagel gehängt hat. Es ist nicht ganz leicht, diesen passenden Gegner aufzutreiben (und dabei wird schon, vor man ihn hat, von einigen weitblickenden Leuten hastig eine 30 000-Mann-Arena auf Kuba, wo der Weltmeisterschaftskampf stattfinden soll, aufgebaut), aber der Manager treibt ihn auf: es ist der Franzose George Carras (gedacht ist an den schönen Carpentier). So kommt »der schöne George« zunächst wie der Pontius ins Credo in einen Weltmeisterschaftskampf mit dem gefürchteten Jack. George Carras wird (im zweiten Kapitel des Romans) bei einer Keilerei in einer Hafenkneipe von Marseille als Boxer entdeckt. Der Untersuchungsrichter, der ihn zu der Höchststrafe von drei Wochen Haft wegen eines erstklassigen Schlages verurteilen muß, ist selbst ein enragierter Freund des Boxsports und läßt George nach Abbüßung der Haft auf seine Kosten ausbilden. Nach Verlauf eines Jahres voll sensationeller Erfolge weiß ein ganzer Erdteil, daß »der schöne George« ein Gentleman erster Klasse ist, aber nur George weiß, daß er kein Boxer erster Klasse ist. Dies ist sein Geschäftsgeheimnis, und Georges Existenz hängt davon ab, daß niemand erfährt, daß ihn, als er schon längst die Europameisterschaft in der Tasche hat, ein Pariser Amateur von nur halb so großem Gewicht, Jean Lacque, im übrigen sein Freund, im Hinterzimmer einer Bar in einem kleinen Zank durch überlegene Technik ausgeknockt hatte. Denn von nun an beginnt das Kesseltreiben zweier Kontinente, die mit Zeitungsartikeln, Privatwetten und gesellschaftlichen Repressalien den »schönen George« in einen Kampf um die Weltmeisterschaft hineintreiben. Der Roman steuert in jeder Szene von Anfang bis zum Ende auf diesen Weltmeisterschaftskampf in Kuba zu, an dem die Interessen aller Romanfiguren mehr oder weniger hängen.

Das Renommee. Ein Boxerroman

1. Der Roman »Das Renommee« behandelt das merkwürdige Bestreben aller Leute, Helden zu erkennen, das heißt, einen guten Mann immer noch besser haben zu wollen, als er ist, und ihn mit allen Mitteln in einen Rekord hineinzuhetzen, bei dem er am Ende versagen muß. Ein solcher Mann ist immer umgeben von einer Sorte von Leuten, die ihrerseits alles tun, um ihr eigenes Renommee hochzupumpen oder, was noch viel schlimmer und schädlicher ist, ihr Renommee nicht zu verlieren.

2. Der Roman folgt nun in seinen Tatsachen dem Weltmeisterschaftskampf Dempsey/Carpentier.

George Carras, der Held des Romans, ist ein Mann wie Carpentier: ein großer Boxer, aber nicht erste Klasse. Er hat eine natürliche Eleganz, einen Haufen gesunden Menschenverstand und alle Eigenschaften, die einen Mann populär machen können. Alle Welt setzt auf ihn, ausgenommen er selber. Seine Stärke ist, daß er seine Grenzen genau kennt und als kluger Geschäftsmann so viel als möglich aus sich herausholt, als er kann. Typischerweise rettet ihn das aber nicht davor, durch den öffentlichen Klamauk und die oben erwähnten Bestrebungen seiner Anhänger, sich in einen Kampf um die Weltmeisterschaft hineintreiben zu lassen. Eines schönen Tages steht er ganz gegen seinen Willen unter dem Jubel von 30000 Menschen in einer Arena auf Kuba und muß sich k. o. schlagen lassen. Immerhin ist George gesund genug, um den Tag nach seiner Niederlage als einen der besten seines Lebens zu empfinden. Er hat es wenigstens hinter sich. Von Anfang an hat er gewußt, daß er nicht siegen könnte: außer ihm wußte es noch sein Freund Billy Mike, der Amateurleichtgewichtsmeister der Welt, der ihn, ziemlich zu Anfang des Romans, im Hinterzimmer eines Restaurants in einer privaten Angelegenheit niederschlägt. Der

Grund dieser privaten Angelegenheit ist Gloria Carras, Georges Frau, die George aus Renommiergründen der Öffentlichkeit unterschlägt und, da er sie nicht entbehren kann, als Schwester mitnimmt. Zu allen Handlungen in seinem Kampf kommen die beständigen Kämpfe mit seiner Frau, der ihre prekäre Rolle nicht sehr behagt und die Georges Eifersucht mit dem um sie unverschämt werbenden Mike spielerisch zu reizen versucht. Als Georges Renommee als Boxer erster Klasse erledigt ist, kann er auch das als Don Juan zweier Erdteile aufstecken: die beiden fahren einig nach Europa zurück.

Der Mann, der Ruhm sammelt.

Der gute Boxer muß mit seinem Gegner spielen, was für ihn gefährlich sein kann.

Der Mann, der in die Gesellschaft eindringt. Er spielt Klavier [...]. Verliert Naivität, aber da man von einem Boxer eine gewisse Naivität verlangt, spielt er sie – er wird Schauspieler.

Wenn einer siegt, wird er intelligenter. Der Umbau. Von Natur Gentleman.

Ihre Weine gießen sie in ihn hinein. Bewunderung seiner Tätowierungen. Billie Mike, Zeitungsbesitzer, exklusives Blatt mit akademischem Einschlag, das Billie scheißlangweilig findet.

Mann, der seine Angelegenheiten dirigiert, einen natürlichen Sinn dafür besitzt, berühmt zu werden. Alles Nützliche bringt er in die Zeitung. Zeigt wenig, spielt den Unberechenbaren und Unüberblickbaren.

Regelt Sache mit seiner Frau. Kriegt sie nur zur Heirat, daß er sagt, er boxe so nebenbei, denn er habe große Lust dazu. Genau und präzis. Er hat es schwierig mit seiner Frau dann:

Sie sagt: »Ich will ganz gern Zigarren rauchen und mal einer älteren Dame den Rauch ins Gesicht blasen, auch mal für Lenin eine Lanze brechen, aber ich will mir nicht nachsagen lassen, daß ich aus lauter Modernität einige starke Muskeln geheiratet hätte. Es ist mir zu sinnlich, George.« – George: »Ja, dann mußt du mich nicht heiraten.« – Sie: »Dazu bist du auch zu spießig. Du würdest instinktiv abends zehn Uhr deinen Hut nehmen, wie ich dich kenne. Und was schlimmer ist, ich selber bin spießig dazu. Ich will auch ganz gern mal einer dieser greulichen muskeltollen Weiber das Recht haben die Augen auszukratzen, wenn sie dir zu nahe treten.« – Er findet aber als Hauptgegenargument, daß sie zu unabhängig ist. Als sie sich einmal nicht mit ihm treffen will, weil er mit der Frau eines Zeitungsmannes soupiert hat, nimmt er sich vor, ihr Geld zu spekulieren, damit sie weiß, daß er ihr Mann ist. Dabei spürt er doch aber schwere Hemmungen bei sich, als er sich freiwillig in ein faules Geschäft hineinbegeben will, wie er merkt, daß ein anderer ihn wirklich betrügen will, zieht er mit Hilfe seiner Muskelkraft das Geld schnell wieder heraus. Am nächsten Tag liest er in der Zeitung, daß ein ganz sicherer Boxer schwer geschlagen worden ist, da ist er froh, daß er das Geld noch hat.

Was sonst Frauengeschichten angeht, so ist er letzten Endes zufrieden, wenn er mal mit einer fotografiert wird.

Zeitungsgeschichten. – Alle Zeitungen für ihn. Da merkt er, wie die wichtigste anfängt, gegen ihn zu sein (weil alle anderen für ihn sind). Darauf schickt er in die Sportredaktion einer Zeitung, die in Boxerkreisen nicht besonders geschätzt wird, durch seinen Manager einige Leute, die dem Redakteur nahelegen, und zwar auf ungemein plumpe Weise, daß er es nicht riskieren solle, schlecht über ihn zu schreiben, worauf er natürlich sehr schlecht über ihn schreibt. Darauf schwenkt die große Zeitung für ihn ein.

Als er nach mehreren Kämpfen in Paris und schon französischer Titelhalter als Gegner für den amerikanischen Meister genannt wird, erhebt sich in den Zeitungen die Frage, ob er wirklich der Held ist. Dabei werden die Privatfeindschaften der Redakteure ausgetragen (der Fall der Firma Kehring/Jerr). Der sanfte Druck, den die demokratische Zeitung auf Gegner von Georges Verteidiger ausübt, als es gilt, den nationalen Vertreter der Boxkunst gegen Amerika vorzustoßen.

Als er um den französischen Titel kämpft, schreiben seine Feinde wochenlang, sein Gegner sei zu alt. Da strengt sich Georges Manager an, den französischen Champion zuerst mit einem internationalen guten Mann zusammenzubringen, wobei er eine große Schiebung zugunsten seines Gegners aus eigener Tasche bezahlt. Der Champion kämpft mit dem internationalen Mann unentschieden, wodurch er beweist, daß er nicht zu alt ist. Dann schlägt ihn George nach drei Runden k. o. Ähnliches wiederholt sich in ganz großem Maßstabe beim Weltmeisterschaftskampf. Franzosen stolz, daß der französische Titelhalter und ein vollendeter Gentleman rübergeht. In den Tagen z. B., wo die demokratischen Zeitungen wegen kolonialer Verwicklungen sehr für gute Beziehungen der europäischen Staaten untereinander sind, was George liest, fährt er nach Berlin und assistiert einem jungen Engländer. Er schickt der demokratischen Zeitung ein Foto aus einer deutschen Zeitung, auf dem er mit dem in Deutschland beliebten deutschen Boxer Arm in Arm Unter den Linden bummelt.

Zusammen mit einer Pariser Modefirma übernimmt er die Kreierung einer Strohhutmode gegen die Verpflichtung, unter alle Fotos den Satz zu stellen: Auch der Tiger kann elegant sein!

Reklame usw., das ist Georges bestes Talent. Er sagt auch: drei Spalten Angriff ist dreimal soviel wert, wie jedes Kind ausrechnen kann, wie eine Spalte Lob. – Die Freude der Menschen daran, einen großen Mann herunterzureißen, ist die einzige Gewähr für einen großen Mann, daß man ihn nicht vergißt.

Gegen ihn, das Boxertalent, ist Billie Mike gesetzt, das Boxergenie, der aber überhaupt ein Genie ist, aber überhaupt kein landläufiger Gentleman. Er besitzt auch eine andere Eitelkeit: jene unscheinbare graue Eitelkeit des Sperlings des Genies. Er wäre zum Beispiel bereit, der großen boxerischen Null den Koffer zu tragen, er hält Georges Boxkunst und seine übrige Kunst für einen absoluten Dreck und geht sogar soweit, was Georges Siege angeht, an Schiebungen zu glauben. Das Genie verachtet alle Talente. Billie kann auch nicht verstehen, wie Gloria dieser Null eine gute Seite abgewinnen kann. Ganz geschmacklos unterstreicht Billie, daß er nur durch sein Zeitungsgeld in der Lage ist, bei einem großen Sportbankett mit dabei zu sein, aber jeder Toast, den Billie auf den großen George, dessen Freund zu sein er die Ehre hat, wirkt wie glühendes Eisen auf George wegen der Hinterzimmeraffäre.

Zeitungskampagne zweier Kontinente: Amerika hat ein Interesse, einen Mann aus Europa herüberzubekommen, da sich herausgestellt hat, daß die amerikanischen Weltmeister in Europa einfach keinen Kampf bekommen, und nur darum nicht, weil sie nicht eher in Europa anerkannt werden, als bis sie nicht einige europäische Männer kaputtgeschlagen haben.

Georges Angst, die Leute könnten herauskriegen, er sei verheiratet, frißt an Gloria, daß er einen solchen Gentleman aus sich macht, paßt ihr nicht. Georges Auseinandersetzungen mit Gloria sind große Handikaps für seinen Kampf. Aber er kann ohne sie nichts machen, weil sie alles für ihn macht. Sie weigert sich schließlich, überhaupt mitzukommen, sie ahnt den Ausgang des Kampfes und fürchtet sich.

Gloria hält viel davon, daß einer in seinem Beruf wirklich was ist, Kellner, die nicht richtig servieren können, sind ihr ein Greuel. Gloria ist auch empört, daß er den zudringlichen Billie nicht einfach hinausschmeißt, wo er doch gegen Billie nichts machen kann, denn Billie ist kein Gentleman, und Diskretion hält Billie für eine Erfindung für Höhlenmenschen. Es kommt zu einem Kulminationspunkt vor der Amerikareise. Am Schluß wirft George Billie doch hinaus, und zwar, wie er angibt, wegen eines ruinierten Möbelstückes, aber es ist nicht der Krach deswegen, sondern Eifersucht. Billie hinterbringt darauf Gloria prompt Georges Geschäftsgeheimnis, nämlich seine Klasselosigkeit. Gloria, aufs tiefste getroffen dadurch, daß er sie aus Berufsgründen und Feigheit gegenüber dem Aufkommen der Wahrheit Billie einfach ausgeliefert hatte, gerät in einen wirklichen Konflikt zwischen ihrer Enttäuschung über George und der Notwendigkeit, ihn vor seinem größten Kampf in Ruhe zu lassen. Wider Willen wird sie aber jetzt, wo George, obwohl er von seiner Chancenlosigkeit zutiefst überzeugt sein muß, durch sein mutiges In-den-Kampf-Gehen, wo er doch wie Carthy und manch anderer doch einfach totgeschlagen werden kann, und durch seine wunderbare Taktik, die ganze Welt zu täuschen, zur Bewunderung fortgerissen. Fast durch einen Zufall wird durch eine Bemerkung beim Frühstück in Kuba vor dem Kampf alles ins reine gebracht. Gloria erkennt aus der Bemerkung, daß sie selber durch ihre offene Abneigung gegen Leute, die in ihrem Beruf nicht 1a sind, George zu seiner Schauspielerei getrieben hat. Gloria hatte, als George in New York Wert darauf legte, daß sie als seine Sekretärin anerkannt wurde, dort mit Filmleuten verhandelt und war sogar, durch Billies Zeitungen begünstigt, zweimal in einem Kabarett aufgetreten. Jetzt erzählt sie George. Jetzt benützt sie ihre Beziehungen, um George für den Film engagieren zu lassen, und erzählt George fünf Minuten vor dem größten Kampf seines Lebens, er solle sich alles kaputtschlagen lassen, nur seine Nase nicht, da sie für ihn einen Filmvertrag abgeschlossen habe. George ist erleichtert, als er hört, daß Gloria Bescheid weiß.

Die Boxer auf Kuba

1

Nach dem Gewinn der Europameisterschaft versucht George Capaqua einen Kampf mit einem mittleren Mann zu managen, und plötzlich ist es ein Kampf um die Weltmeisterschaft. Der schöne George weiß genau, daß er nur ein Gehirnboxer ist, ein Talent, das den Endkampf nur fürchten lassen darf. Seine Chance ist Kaltblütigkeit, seine Gefahr ist Sportsgeist.

2

Er geht immer zurück. Die anderen hetzen ihn. Dann hat er einen Moment des Sportes und von jetzt ab bringt er seinen Kopf nicht mehr heraus. Seine Sekretärin Kid: frisch, frech, kameradschaftlich. Will heiraten, da sie, in George verliebt, alles umsonst macht. Sie verlangt für das Dableiben ein Riesenhonorar.

Die Frau des Veranstalters.

3

Plötzlich steckt er seinen Kopf in Kuba zum Fenster heraus. Die Nacht vor dem Kampf: Lichtreklame, Angstanfälle. Er trinkt scheinbar.

4

Der Kampf. Er inszeniert. Inmitten von Presse. Der Kampf der Weiber. Er nimmt die Gelder seiner Freunde, die auf ihn setzen, zurück. Er ist ganz groß und kühn. Wird am Schluß unter Riesentrubel in Bandagen über die Bühne getragen.

5

Nächster Tag: Er muß allen Tragödie vormimen, ist aber unter seinen Bandagen glücklich. Raucht, trinkt, heiratet Kid, tröstet Freunde, diktiert Berichte.

Boxkampf auf Kuba

1

Vier Herrn im Smoke. Der junge Mann, der seine Schuhe heimlich ausgezogen hat und bei Kriegsausbruch gehandikapt ist.

»Alles in allem ist es eine furchtbare moralische Niederlage für Sie, Charles. Ich meine das, daß Sie in Gegenwart einer Dame Ihre Schuhe auszuziehen gewohnt sind.« *Ab.*

2

Die alte Mutter des Boxers, die den Kampf schildert. Die Reporter. Die Fotografie.

Als er von seinem schrecklichen Kampf mit O'Hara, den er in der dritten Runde durch Uppercut k. o. machte, ohne Nase heimkam, sagte ich zu ihm: »Larry, nicht die Nase ist es, sondern der Mann (was darunter schlägt) (wie man darauf schlägt und *ihn* mit in eine Konditorei [...]).

Als er vor seinem Weltmeisterschaftskampf zu mir sagte: »Was immer geschieht, Mami, wirst du zu mir halten«, sagte ich ihm, während ich ihm ins Auge blickte: »Larry, deine Mama erwartet, daß jedermann seine Schuldigkeit tut.« Und mit diesen Worten streifte ich die Ärmel hoch und zeigte ihm die Stelle, wo sein Vater mir den Oberarm durch einen einzigen Schlag entzweigeschlagen hat. Dazu äußerte ich noch: »Larry sei der Sohn deines Vaters.«

Boxer

George, Jimmy, Gloria
George kommt nach drei Wochen wieder nach New York, kann nicht in sein Zimmer, weil Jimmy drin wohnt. George hört Jimmy das Dienstmädchen entlassen. Gloria strahlt. Gloria zu Jimmy: »George hält es einfach für selbstverständlich, daß ich mit keinem anderen Mann etwas habe.« Jimmy: »Wie kann man etwas so Unnatürliches für selbstverständlich halten.« –

Gloria geht zum Film. George ist empört, wie intim Gloria mit den Männern dort ist.

Frau des Zeitungsmannes.

Kuba / 5. April
George
Ivette   Sire
Ihr Vater
Der Manager

Jonnie Fletcher   Leichtgewichtsmeister der Welt
Juanita Golez
Eve

Der Boxer

GEORGE Kid, ich habe Ihnen etwas zu sagen vor Ihrer Abreise. Setzen Sie sich, aber anständig und nicht so undiszipliniert wie gewöhnlich, ich kann das heute nicht ertragen, ich bin ein geschlagener Mann. Prägen Sie sich das überhaupt ein für allemal ein: ich bin ein geschlagener und erledigter Mann. Man muß mich anständig behandeln. Zum Teufel, sitzen Sie doch nicht so steif. Das ist doch alles Gift für meine Nerven. Also, was ich sagen wollte: Übrigens, Sie können einen Whisky haben. Es ist überhaupt gar nicht irgendwie unangenehm für Sie. Im Gegenteil. So weit wollen wir denn doch nicht gehen in unserer Selbstverachtung. Warum reden Sie denn eigentlich kein Wort? Das ist doch ganz unfair.

KID Herr George:

GEORGE Widersprechen Sie nicht. Also: ich bin bereit, Ihnen eine Offerte zu machen. Ich möchte vorausschicken, daß Sie in Ihrem eigenen Interesse nicht zu weit gehen dürfen in der Annahme, ich könne ohne Sie nicht existieren. Das ist natürlich Unsinn. *Er lacht.* Die Wirklichkeit ist natürlich: Ich liebe es nicht, allein zu sein. Und Sie persönlich passen mir für das, was ich brauche. Aber übrigens, ich will sogar ehrlich sein: ich gestehe ganz offen, daß ich sogar ziemlich weit gehen würde, um Ihnen entgegenzukommen. Vorausgesetzt, Sie stellen keine übertriebenen Forderungen. Meine Offerte ist: Sie, Kid, beschäftigen sich weiter mit mir, und ich, aber wir wollen dann auch mit keinem weiteren Satz mehr die ganze Sache berühren, ich verdopple Ihr Honorar.

KID Das ist eine ungeheure Frechheit.

GEORGE Wieso??

KID Du bist furchtbar frech, George.

GEORGE Wieso? Meinst du? Aber das ist doch... ich meine, ich
verstehe überhaupt nicht. Aber wie sprichst du denn mit mir, ich
bin wirklich nicht in der Lage, noch irgend etwas Peinliches
auszuhalten nach diesem Kampf.

KID Das scheint mir auch. Guten Tag, George.

GEORGE Was heißt das? Halt! Was fällt Ihnen ein? Lassen Sie sich
gesagt sein, mit Erpressungen ist bei mir gar nichts auszurichten.
Halt! sage ich. Ich ändere meine Offerte ab. Sie beschäftigen sich
weiter mit mir, und ich heirate Sie. Das ist ein sehr schlechtes
Geschäft für Sie, aber Sie haben es so gewollt. Gehen Sie sofort
auf Ihr Zimmer, Sie gehen mir furchtbar auf die Nerven.

Gedenktafel für zwölf Weltmeister

Dies ist die Geschichte der Weltmeister im Mittelgewicht
Ihrer Kämpfe und Laufbahnen
Vom Jahre 1891
Bis heute:

Ich beginne die Serie im Jahre 1891
Der Zeit rohen Schlagens
Wo die Boxkämpfe noch über 56 und 70 Runden gingen
Und einzig beendet wurden durch den Niederschlag

Mit *Bob Fitzsimmons*, dem Vater der Boxtechnik
Inhaber der Weltmeisterschaft im Mittelgewicht
Und im Schwergewicht (durch seinen am 17. März 1897
                                              erfochtenen Sieg
Über Jim Corbett)
34 Jahre seines Lebens im Ring, nur sechsmal geschlagen
So sehr gefürchtet, daß er das ganze Jahr 1889
Ohne Gegner war. Erst im Jahre 1914
Im Alter von 51 Jahren absolvierte er
Seine beiden letzten Kämpfe.
Ein Mann ohne Alter. –
1905 verlor Bob Fitzsimmons seinen Titel an

Jack O'Brien, genannt Philadelphiajack.
Jack O'Brien begann seine Boxerlaufbahn
Im Alter von 18 Jahren
Er bestritt über 200 Kämpfe.
Niemals
Fragte Philadelphiajack nach der Börse
Er ging aus von dem Standpunkt
Daß man lernt durch Kämpfe
Und er siegte, so lange er lernte.

Jack O'Briens Nachfolger war
Stanley Ketchel
Berühmt durch vier wahre Schlachten
Gegen Billie Papke

Und als rauhster Kämpfer aller Zeiten
Hinterrücks erschossen mit 23 Jahren
An einem lachenden Herbsttage
Vor seiner Farm sitzend
Unbesiegt.

Ich setze meine Serie fort mit
Billie Papke
Dem ersten Genie des Infightings
Damals wurde zum ersten Male gehört
Der Name: Menschliche Kampfmaschine.
Im Jahre 1913 zu Paris
Wurde er geschlagen
Durch einen Größeren in der Kunst des Infightings:
Frank Klaus.

Frank Klaus, sein Nachfolger, traf sich
Mit den berühmtesten Mittelgewichten seiner Zeit
Jim Gardener, Billie Berger
Willie Lewis und Jack Dillon
Und Georges Carpentier war gegen ihn schwach wie ein Kind.

Ihn schlug *George Chip*
Der unbekannte Mann aus Oklahoma
Der nie sonst Taten von Bedeutung vollbrachte
Und geschlagen wurde von

Al Maccoy, dem schlechtesten aller Mittelgewichtsmeister
Der weiter nichts konnte als einstecken
Und seiner Würde entkleidet wurde von

Mike O'Dowd
Dem Mann mit dem eisernen Kinn
Geschlagen von
Johnny Wilson
Der 48 Männer k. o. schlug
Und selber k. o. geschlagen wurde
Von

*Jack Dempsey gegen
Georges Carpentier
(2. Juli 1921)*

*Stanley Ketchel
gegen Jack Johnson*

Bob Fitzsimmons (1862-1917), genannt » Ruby Robert«

Harry Greb (1894-1926), genannt »The Human windmill«

Harry Grebb, der menschlichen Windmühle.
Dem zuverlässigsten aller Boxer
Der keinen Kampf ausschlug
Und jeden bis zu Ende kämpfte
Und wenn er verloren hatte, sagte:
Ich habe verloren.
Der den Männertöter Dempsey
Den Tigerjack, den Manassamauler
Verrückt machte, daß er beim Training
Seine Handschuhe wegwarf
Das »Phantom, das nicht stillstehen konnte«
Geschlagen 1926 nach Punkten von
Tiger Flowers, dem Neger und Pfarrer
Der nie k. o. ging.

Heute ist Weltmeister im Mittelgewicht
Der Nachfolger des boxenden Pfarrers
Mickey Walker
Der den mutigsten Boxer Europas
Den Schotten Tommy Milligan
Am 30. Juni 1927 zu London in 30 Minuten
In Stücke schlug.

Bob Fitzsimmons
Jack O'Brien
Stanley Ketchel
Billie Papke
Frank Klaus
George Chip
Al Maccoy
Mike O'Dowd
Johnny Wilson
Harry Grebb
Tiger Flowers
Mickey Walker –
Dies sind die Namen von zwölf Männern
Die auf ihrem Gebiet die besten ihrer Zeit waren
Festgestellt durch harten Kampf
Unter Beobachtung der Spielregeln
Vor den Augen der Welt.

Brief an Ferdinand Reyher

[Berlin,] Spichernstr. 16
9. 5. 28

Lieber Herr Reyher,

nein, für meine Sachen habe ich noch nie etwas in Amerika unternommen. Es würde mich freuen, wenn Sie sie gelegentlich mal erwähnen würden. Wann kommen Sie wieder hierher? Ich frage das vor allem wegen Ihres Stückes. Damit steht es so: Wir hatten es zwei Verlagen gezeigt, beide gaben es nach vergeblichem Bemühen, es zu lesen, zurück mit der Bitte, eine Inhaltsangabe anzufertigen, da man es nicht lesen könnte. Die Elisabeth Hauptmann hat nun schnell eine Art Exposé angefertigt, das wir aber dann nicht den Verlagen gezeigt haben, sondern Erich Engel, dem Oberregisseur am Staatstheater, der sicher unser bester Regisseur überhaupt ist. (Er macht nächsten Winter 2 Stücke von mir und vorher »The Beggar's Opera«.) Engel hat die Sache ungeheuer gefallen, er sagte, man solle das Stück übersetzen, gespielt würde es auf jeden Fall. Dann haben wir Kortner, den einflußreichsten Schauspieler am Staatstheater, dafür interessiert, dem es auch ganz besonders gefallen hat. Der will schon immer ein Boxerstück spielen. Das Stück muß also übersetzt werden, dann muß man es Engel und Kortner zeigen, dann mit einem Theater verhandeln und dann mit dem Verlag.

Was das Übersetzen angeht, so wäre es natürlich am praktischsten, wenn Sie und die Hauptmann sich hinsetzen könnten, zusammen, dann wäre die Sache schnell und zuverlässig gemacht. Deshalb frage ich Sie, ob Sie noch mal herüberkommen. Sonst will es die Hauptmann mit Samson-Körner versuchen. In diesem Fall wäre es aber vielleicht ratsam, wenn Sie selbst von den Wörtern, die Sie für schwierig zu übersetzen halten, Ausdrücke, Redensarten, eine kleine Liste schicken mit der Grundübersetzung. Wir können es dann immer noch anders ausdrücken. Ich denke mir, daß Sie selbst ziemlich genau wissen, um welche Ausdrücke es sich handelt, manche sehen für uns ganz harmlos aus. Wenn Sie es für nicht ratsam halten, machen wir es eben mit Hilfe von Samson und irgendeinem anderen, der was von der Sache versteht und den wir auftreiben können. Und vor allen Dingen: Alles muß überhaupt sehr schnell gehen.

Ich fahre morgen für einige Wochen in die Nähe von Marseille,

Post erreicht mich über Berlin. Mitte Juni bin ich für 14 Tage wieder in Berlin. Ständig in Berlin bin ich wieder ab ca. 20. August. Sind Sie bei der Premiere des Stückes in London? Wann ist sie?

Schreiben Sie, sobald sie können,
Ihrem
Brecht

E. Hauptmann schickt Ihnen das Exposé mit, sie bittet Sie, ihr doch zu sagen, wenn sie was falsch verstanden hat, möchte gern in ein paar Zeilen genau die Schiebung im zweiten Akt erklärt haben.

Für das Programmheft
zur Heidelberger Aufführung

1

Der Besuch des Stückes »Im Dickicht der Städte« hat sich bereits als so schwierig herausgestellt, daß nur die mutigsten Theater sich daran wagten. Tatsächlich ist eine völlige Ablehnung des Stückes durch das Publikum nichts Unbegreifliches. Dieses Stück beruht auf einigen Voraussetzungen, was schon ärgerlich ist und was also die übliche Produktion vermeidet. Nachfolgende Informationen über diese Voraussetzungen werden da nur wenig oder gar nicht helfen.

2

Die Handlungsweise der Menschen unserer Zeit, die, wenn auch unvollständig, in manchem Zeitungsbericht zum Ausdruck kommt, ist durch alte (oft der Literatur entlehnte) Motive nicht mehr erklärbar. Die Polizeiberichte häufen sich, wo das »Motiv« des Täters fehlt. So dürfen Sie nicht erstaunt sein, wenn in den neueren Dramen gewisse Menschentypen in gewissen Situationen anders handeln, als Sie erwartet haben, und auch nicht, wenn Ihre Mutmaßungen über die Motive einer bestimmten Handlungsweise sich als falsch erweisen. *In dieser Welt und in dieser Dramatik findet sich der Philosoph besser zurecht als der Psychologe.*

Das Bürgertum wird auch auf dem Theater, nachdem es hundert Jahre damit vertrödelt hat, Kämpfe zwischen Männern lediglich um Frauen zu veranstalten, für Kämpfe um wichtigere Dinge nur mehr wenig Zeit haben, bevor es sich genötigt sehen wird, sich, auch im Theater, ausschließlich dem wichtigsten aller zeitgemäßen Kämpfe, dem Klassenkampf, zu widmen. Einen so idealen Kampf, wie man ihn in dem Stück »Im Dickicht der Städte« sehen kann, wird man vorerst nur im Theater, in der Wirklichkeit erst in fünfzig Jahren haben können.

4

Sie sehen, ich weiß, daß ich heute noch den einfachen Grundgedanken des Stückes »Im Dickicht der Städte« zu verteidigen habe. Nämlich den, daß purer Sport zwei Männer in einen Kampf verwickeln könnte, der ihre wirtschaftliche Situation sowie sie selbst bis zur Unkenntlichkeit verändert. Hier wird Sport als Passion einfach den für das Theater schon zur Verfügung stehenden Passionen angereiht. Wahrscheinlich wird diese Passion erst durch ihre durch mindestens fünf Jahrzehnte fortgesetzte Übung auf mindestens zwei Kontinenten gefühlsmäßig zu jenen großen und tragischen Passionen gerechnet werden, die Katastrophen sowie Triumphe von Ausmaß zur Folge haben können. Zur Verdeutlichung: Es gibt heute Katastrophen, deren Motiv »Sport« ist, der als solcher aber nicht erkannt werden kann. Außer dieser fortgesetzten Übung wird es noch notwendig sein, daß andere (weniger reine) Kampfmotive verschwinden, die heute noch überwiegen, z. B. Besitzgier nach Frauen, Produktionsmitteln, Ausbeutungsobjekten, kurz: Motive, die eben verschwinden *können*, da sie einfach wegorganisiert werden können.

Ungewohnt sind wohl auch die Kampfzonen, die in diesem Stück Anwendung finden. Als Kampfzonen werden nämlich gewisse Vorstellungskomplexe verwendet, wie zum Beispiel diejenigen, welche ein junger Mann von der Art des George Garga von der Familie, von der Ehe oder von seiner Ehre hat. Diese Vorstellungskomplexe benutzt sein Gegner, um ihn zu schädigen. Außerdem erzeugt der eine Kämpfer im andern gewisse Gedanken, die ihn zerstören müssen, er schießt Gedanken in seinen Kopf wie Brandpfeile. Ich kann Ihnen diese Kampfesweise nicht verständlicher machen.

6

Meine Wahl amerikanischen Milieus entspringt nicht, wie oft gemeint wurde, einem Hang zur Romantik. Ich hätte ebensogut Berlin wählen können, aber das Publikum hätte dann nicht gesagt: »Der Mensch handelt eigenartig, auffällig, bemerkenswert«, sondern nur: »Ein Berliner, der so handelt, ist eine Ausnahmeerscheinung«. Durch einen Hintergrund (eben den amerikanischen), der meinen Typen von Natur entsprach, so daß er sie nicht preisgab, sondern sie deckte, glaubte ich das Augenmerk am leichtesten auf die eigenartige Handlungsweise zeitgemäßer großer Menschentypen lenken zu können. In deutschem Milieu wären diese Typen romantisch: Sie hätten sich bloß in einem Gegensatz zu ihrer Umgebung befunden, statt im Gegensatz zu einem romantischen Publikum. Praktisch gesprochen, würde es mir ausreichen, wenn die Theater Amerika als gewöhnliche Fotografie auf den Prospekt würfen und sich damit begnügten, das Asiatentum des Shlink durch einen schlichten gelben Anstrich anzudeuten, und ihm im übrigen erlaubten, sich zu benehmen wie ein Asiate, nämlich wie ein Europäer. Damit würde schon *ein* großes Geheimnis aus dem Stück ferngehalten.

Die Krise des Sportes

Einen Mann, der in der Welt herumgekommen ist, habe ich kürzlich sagen hören, die Deutschen zeichneten sich (unter anderem) dadurch vor allen Völkern aus, daß sie zu jeder Tages- und Nachtzeit essen und zu jeder Tages- und Nachtzeit lieben könnten. Wenn dies zutrifft (und ich hoffe, daß es zutrifft), dann würde uns Sport sicher ganz gut tun: es wäre dann nur allzu klar, daß für uns etwas geschehen muß.

Nun besteht bei den meisten unserer Erziehungsbeamten zweifellos eine natürliche Abneigung gegen Leibesübungen (es hat keinen Sinn, daß diese Leiber geübt werden). Wird diese Abneigung, die besonders von einer Seite ausgeht, die für unsere Jugend

96

die Erlernung der griechischen Sprache empfiehlt, die Entwicklung des Sportes aufhalten?

Ich glaube es nicht.

Das deutsche Bürgertum, das mit den Resten feudaler Kasten 1918 so rasch und verhältnismäßig gründlich aufräumte, das eine unpraktische und teure Offiziers- und Diplomatenkaste ohne mehr Sentimentalität, als der Anstand verlangte, zum alten Eisen warf, wird die Winke seiner geliebten Wissenschaftler in bezug auf eine Stabilisierung der Hygiene kaum in den Wind schlagen. Was sollten dicke Bäuche für einen Nutzen haben? Hygiene ist vorteilhafter als Medizin. Turnlehrer sind rentabler als Ärzte. Was ist besser, sich die Fußnägel schneiden oder sich nur immer größere Stiefel anschaffen?

Wenn der Sport nur laut und lang genug Hygiene brüllt, wird er schon gesellschaftsfähig werden. Die Frage ist nur, ob ihm das guttun wird.

Eine Propagandaschrift für die, sagen wir, gesellschaftliche Anerkennung des Sportes könnte sehr reichhaltig sein. Man könnte eine Menge verlockender Argumente dafür anführen, daß der Sport in den Schulen gelehrt, von der Akademie kontrolliert und von der Nation zum Kulturgut erhoben werden müsse. Soll man es?

Man müßte zumindest zuerst einige sehr peinliche Eindrücke verwinden, die man in letzter Zeit empfangen hat.

Die Photos eines ältlichen deutschen Dramatikers als Diskuswerfer haben wohl uns alle mit banger Sorge, nicht für die Zukunft dieses Mannes, für die gesorgt ist, erfüllt, sondern für den Sport.

Andererseits waren die zynischen Photos einer in der Lebewelt gelesenen Monatsschrift, die einen Querschnitt durch das europäische Kulturleben liefert, wohl geeignet, unser Ärgernis zu erregen: Neben James Joyce prangte Herr Diener. Ist es bösartig anzunehmen, daß diese Zeitschrift damit eher Herrn Diener als Herrn Joyce nützen wollte? Ich weiß nicht, ob es Herrn Joyce genützt hat. Aber kann es Herrn Diener nützen?

Ich habe schon gelesen, daß man Leibesübungen für Knaben vorschlug, damit sie besser Griechisch lernen konnten. Nach Leibesübungen hätten sie einen klaren Kopf. In diesen klaren Kopf könnte man dann Griechisch hineintun. Ist *das* verlockend?

Man kann viele Leute hereinbekommen, wenn man ihnen sagt, daß Sport gesund sei. Aber soll man es ihnen sagen? Wenn sie Sport genau so weit treiben, als er gesund ist, ist es dann Sport, was sie treiben? Der große Sport fängt da an, wo er längst aufgehört hat, gesund zu sein.

Das Scheußlichste, was man sich ausdenken kann, ist Sport als Äquivalent. Diese Leute argumentieren so: heute braucht man seinen Kopf mehr als im Jahr 1880. Also muß man Sport treiben, damit es sich ausgleicht. Ganz abgesehen davon, daß man mir erst beweisen müßte, wobei heute mehr Kopf gebraucht worden ist als 1880 – wieso sollte dann der Umstand, daß die Leute heute mit ihren Angelegenheiten weniger leicht fertig werden als 1880, zu der Annahme berechtigen, sie könnten körperlich leistungsfähiger sein?

Ich weiß sehr gut, warum die Damen der Gesellschaft heute Sport treiben: weil ihre Männer in ihrem erotischen Interesse nachgelassen haben. Ohne diesen Damen besonders wohl zu wollen – je mehr sie Sport treiben, desto mehr werden diese Herren nachlassen.

Ich bin nicht sicher, ob es uns guttut, aber Herrn Otto Wolff wird es schon guttun, wenn er ab und zu ein paar Kniebeugen macht, aber leise Kniebeugen werden den Sport nicht weiterbringen.

Kurz: ich bin gegen alle Bemühungen, den Sport zu einem Kulturgut zu machen, schon darum, weil ich weiß, was diese Gesellschaft mit Kulturgütern alles treibt, und der Sport dazu wirklich zu schade ist. Ich bin für den Sport, weil und solange er riskant (ungesund), unkultiviert (also nicht gesellschaftsfähig) und Selbstzweck ist.

Die Todfeinde des Sportes

Der Sport hat hauptsächlich zwei Feinde, die ihm wirklich gefährlich werden können. Erstens sind da die Leute, die aus ihm mit aller Gewalt eine hygienische Bewegung machen wollen. Diese Sorte von Leuten arbeitet mit Vorliebe unter der Devise, Sport sei gesund, und versucht damit, in den Schulen und auch durch populäre Literatur das, was an wirklichem Sportgeist in den jüngeren Leuten steckt, für alle Zeiten zu ruinieren. Selbstverständlich ist Sport, nämlich wirklicher passionierter Sport, riskanter Sport, nicht gesund. Da, wo er wirklich etwas mit Kampf, Rekord und Risiko zu tun hat, bedarf er sogar außerordentlicher Anstrengungen des ihn Ausübenden, seine Gesundheit einigermaßen auf der Höhe zu halten. Ich glaube nicht, daß Lindbergh sein Leben durch seinen Ozeanflug um zehn Jahre verlängert hat. Boxen zu dem Zweck, den Stuhlgang zu heben, ist kein Sport. Der Zweck des Sportes ist natürlich nicht körperliche Ertüchtigung, sondern der Zweck körperlicher Ertüchtigung kann Sport sein.

Der zweite Hauptgegner des Sportes ist der wissenschaftliche Fimmel. Hierher gehören leider meistens mit besonderer Unterstützung der Presse die krampfhaften Bemühungen einiger »Kenner«, aus dem Sport eine Art »Kunst« zu machen. Diesen Kennern wächst jetzt schon wieder auf der bloßen Hand eine ganze Nomenklatur von Fachausdrücken, und die Tendenz geht immer mehr aus l'art pour l'art. Im Boxsport äußert sich diese sportsfeindliche Tendenz in der Propagierung des Punktverfahrens. Je weiter sich der Boxsport vom K. o. entfernt, desto weniger hat er mit wirklichem Sport zu tun. Ein Boxer, der seinen Gegner nicht niederschlagen kann, hat ihn natürlich nicht besiegt. Sehen Sie sich zwei Männer an einer Straßenecke oder in einem Lokal einen Kampf liefern. Wie stellen Sie sich hierbei einen Punktsieg vor? Die Haupt-Todfeinde des natürlichen naiven und volkstümlichen Boxsportes sind jene Gelehrten, die an den Seilen sitzen und in ihre Hüte hinein Punkte sammeln.

Sie verstehen mich: je »vernünftiger«, »feiner« und »gesellschaftsfähiger« der Sport wird, und er hat heute eine starke Tendenz dazu, desto schlechter wird er.

Der Zweckdiener

Herr Keuner stellte die folgenden Fragen:

Jeden Morgen macht mein Nachbar Musik auf einem Grammophonkasten. Warum macht er Musik? Ich höre, weil er turnt. Warum turnt er? Weil er Kraft benötigt, höre ich. Wozu benötigt er Kraft? Weil er seine Feinde in der Stadt besiegen muß, sagt er. Warum muß er Feinde besiegen? Weil er essen will, höre ich.

Nachdem Herr Keuner dies gehört hatte, daß sein Nachbar Musik machte, um zu turnen, turnte, um kräftig zu sein, kräftig sein wollte, um seine Feinde zu erschlagen, seine Feinde erschlug, um zu essen, stellte er seine Frage: »Warum ißt er?«

Aufstieg und Fall der Stadt Mahagonny

Szene 15: »Kämpfen«

Die Männer gehen wieder auf die Bühne, wo jetzt vor einem Hintergrund, auf dem das Wort »KÄMPFEN« steht, ein Boxring hergerichtet wird. Auf einer seitlichen Tribüne spielt eine Blasmusik.

JOE *auf einem Stuhl stehend:*
Wir, meine Herren, veranstalten ein großes
Preisboxen, endend nur mit dem K. o.
Und zwar tritt an Dreieinigkeitsmoses
Gegen mich, den Alaskawolfjoe.

WILLY, DER PROKURIST
Was! Du kämpfst mit Dreieinigkeitsmoses?
Junge! Da reist du besser noch fort!
Denn das ist beim Teufel kein bloßes
Preisboxen, sondern glatter Mord!

JOE
Vorläufig bin ich noch nicht gestorben
All mein Geld, in Alaska erworben
Setz ich heute restlos auf mich!
Und ich bitte auf mich zu setzen
Alle, die mich von Kind auf schätzen.
Jim, ich rechne besonders auf dich!

Wer jemals den Kopf über Fäuste gestellt
Und List über Kraft und klug über roh
Jeder vernünftige Mensch setzt sein Geld
In diesem Kampf auf Alaskawolfjoe.

DIE MÄNNER
Wer jemals den Kopf über Fäuste gestellt
Und List über Kraft und klug über roh:
Jeder vernünftige Mensch setzt sein Geld
In diesem Kampf auf Alaskawolfjoe.
Joe ist zu Heinrich getreten.

HEINRICH
Joe, du stehst mir menschlich nah

Doch um Geld hinauszuwerfen
Ging's mir zu sehr auf die Nerven
Als ich Dreieinigkeitsmoses sah.
Joe geht zu Paul.

PAUL

Joe, ich habe dich immer geschätzt
Von der Wiege bis zum Grabe
Drum wird heute auf dich gesetzt
Und zwar alles, was ich habe.

JOE

Paul, wenn ich das von dir höre
Steigt Alaska vor mir auf.
Die sieben Winter, die großen Kälten
Und wie wir beide die Bäume fällten.

PAUL

Joe, mein alter Freund, ich schwöre
Lieber gäb ich alles drauf:
Die sieben Winter, die großen Kälten
Wie wir zusammen die Bäume fällten.
Wenn ich von Alaska höre
Steigt dein Bild, Joe, vor mir auf.

JOE

Dein Geld ist sicher, ich schwöre
Lieber ging ich selber drauf.
Der Boxring ist inzwischen aufgebaut. Dreieinigkeitsmoses be-
tritt den Ring.

DIE MÄNNER

Dreimal hoch, Dreieinigkeitsmoses!
Morgen, Moses! Gib ihm Saures!

EINE FRAUENSTIMME

Das ist Mord!

DREIEINIGKEITSMOSES

Ich bedaur es!

DIE MÄNNER

Da bedarf's nur eines Stoßes!

SCHIEDSRICHTER *stellt die Kämpfer vor:*

Dreieinigkeitsmoses zweihundert Pfund
Alaskawolfjoe hundertsiebzig.

EIN MANN *ruft:*

Schund!

Muſik.

Für die „Mahagonny"-Aufführung in Berlin iſt für die Boxkampfſzene Max Schmeling als Boxer für die Premiere gewonnen worden. „Mahagonny" von Bert Brecht mit der Muſik von Weill, das als Oper erſtmalig in Leipzig aufgeführt worden iſt, hat weſentliche Umänderungen erfahren und iſt jetzt ſeinem Charakter nach mehr Varieté als dramatiſches Theater geworden.

Der deutſche Geiger Adolf Busch hat bei ſeinem Debut in Boston, in einem der Kuſſewitzkij-Konzerte, und in New York, unter Toscanini, ganz ſtarke Erfolge erzielt.

Frankfurter Zeitung, 15. Dezember 1931

Letzte Vorbereitungen zum Boxkampf.

PAUL *von unten:*

    Hallo, Joe!

JOE *grüßt aus dem Ring hinunter:*

    Hallo, Paul!

PAUL

    Schluck keinen Zahn!

JOE

    Halb so faul!

    Der Kampf beginnt.

DIE MÄNNER *gesprochen, abwechselnd:*

    Los jetzt! Schiebung!

    Quatsch! Er nimmt schon!

    Vorsicht! Nicht stürzen! Tiefschlag! Nicht halten!

    Der sitzt! Macht nichts! Lippe gespalten!

    Ran, Joe! Kunststück! Ja, er schwimmt schon!

    Dreieinigkeitsmoses und Joe boxen im Takt.

    Moses, mach Hackfleisch!

    Mach aus ihm Haschee!

    Moses, gib ihm Saures!

    Tu ihm etwas weh!

    Joe sinkt zu Boden.

SCHIEDSRICHTER

    Der Mann ist tot.

    Großes, anhaltendes Gelächter. Die Menge verläuft sich.

MÄNNER *im Abgehen:*

    K. o. ist k. o. Er vertrug nichts Saures.

»Mahagonny« (Songspiel), Baden-Baden 1927

SCHIEDSRICHTER
  Sieger Dreieinigkeitsmoses.
DREIEINIGKEITSMOSES
  Ich bedaur es.
  Ab.
HEINRICH *zu Paul, sie sind allein im Ring:*
  Ich hab es gesagt
  Jetzt ist er k.o.
PAUL *leise:*
  Hallo, Joe!
  Vorn ziehen Männer an der Rampe entlang.
DIE MÄNNER
  Erstens, vergeßt nicht, kommt das Fressen
  Zweitens kommt der Liebesakt.
  Drittens das Boxen nicht vergessen
  Viertens Saufen, laut Kontrakt.
  Vor allem aber achtet scharf
  Daß man hier alles dürfen darf.

Dekoration

Es ist heute wichtiger, daß die Dekoration dem Zuschauer sagt, daß er im Theater ist, als daß er etwa in Aulis ist. Das Theater muß als Theater jene faszinierende Realität bekommen, die der Sportpalast hat, in dem geboxt wird. Am besten ist es, die Maschinerie zu zeigen, die Flaschenzüge und den Schnürboden.

Die Dekoration muß so aussehen, als sei sie, wenn sie etwa eine Stadt darstellt, eine Stadt, die nur für zwei Stunden erbaut wurde, es muß die Realität der Zeit hergestellt werden.

Alles muß provisorisch und doch höflich sein. Es genügt einem Raum die Glaubhaftigkeit eines im Traum geschauten Raums.

Die Dekoration muß ein Ergebnis der Arrangierprobe sein, also praktisch. Sie muß mitspielen.

Der Raum muß in der Höhendimension lebendig gemacht werden. Das kann durch Treppen geschehen, aber nicht dadurch, daß die Treppen dann mit Menschen bemalt werden.

Die Dekoration muß sich, zeitlich betrachtet, steigern. Sie braucht ihren Clou und ihren Privatapplaus.

Das Material der Dekoration muß sichtbar sein. Ein Stück kann in Pappe allein oder in Pappe und Holz oder in Leinwand usf. gespielt werden. Aber man darf nichts verschmieren.

Neue Sachlichkeit

Situationskomik

Selbst von Wohlmeinenden sind wir oft gefragt worden, warum wir uns beharrlich mit der Rolle vergnügter Punchingbälle ältlicher Feuilletonisten begnügten. Diese Frage sah uns sofort in jene unkleidsame Schlaffheit versinken, die durch Überfülle von Gedanken erzeugt wird. Nichts ermüdet so sehr wie Mißverständnisse. Selbst das für einen Gentleman, der zu seinem Vergnügen boxt, unangenehme Gefühl, mit einem Berufsboxer antreten zu sollen, wäre für uns zu ertragen gewesen; aber was *zu* hart ist, das ist: zu boxen, um Mißverständnisse aufzuklären. Ich schleudere, wie man sieht, gegen gewisse ältere Leute den Vorwurf, ihre Gegnerschaft sei über einige ungemein seichte Mißverständnisse nicht hinausgekommen. Diese Generation betrachtete sich als Konkurrenz statt als Abnehmer (Mißverständnis), und dann bemächtigten sie sich unserer Musterproben und aßen sie vor allem Volk auf, um zu beweisen, daß einem davon schlecht wird. Aber (Mißverständnis) sie waren von uns ausersehen, geraucht zu werden, nicht gegessen. Es waren Zigarren. Selbst überlegene Gegner, um wieder zu unserm ersten hübschen Vergleich zurückzukehren, können in Gefahr kommen, wenn sie über den Gegner lachen müssen. Sie werden unter Umständen niedergeschlagen, aber ich denke, sie halten sich nicht für besiegt, und sie treten nicht einmal ein zweites Mal an, um das Urteil zu revidieren. Von Natur kampflustig, durch bitteres Schicksal ohne Gegner, entbehrt meine Generation der Gegner.

Der pokerfaced man

Auf einem anderen Gebiete, dem rein künstlerischen, entspricht dieser Situation jene verblüffende Undurchdringlichkeit des Publikumsgesichts. Das Theater ist erfüllt mit diesen pokerfaced men, deren Beifalls- oder Mißfallensäußerungen keinen Schluß auf sie selber zulassen. Ich bin gezwungen, meinen nächsten Satz mit einem Relativsatz zu belasten, der ein völlig unbekanntes Hauptelend unserer Situation anführt. Ich habe, wir alle haben das Publikum an Stellen applaudieren sehen, die absoluter und hoffnungsloser Unsinn waren. Es schien unmöglich, dieses Publikum nicht für Claque zu halten. Aber es war keine Claque. Es waren Stellen, wo die Schauspieler spielten, ohne den Sinn der Szene zu begreifen, aber auch ohne den Szenen einen andern Sinn zu unterschieben. Wir erklärten dies verblüfft damit, daß es im Rahmen einer von A bis Z falschen, irrtümlichen, ja böswilligen Darstellung eines Stückes für den Zuschauer eine Erleichterung bedeutet, wenn anstelle des von den Schauspielern willkürlich gewählten falschen und vor allem unerträglichen banalen »Sinnes« ein absoluter, ehrlicher, kompakter Unsinn tritt, d. h., wenn jener quälende »Sinn« überhaupt aufhört. (Diese Zustände auf der Bühne enthielten übrigens nach den etwas verlegenen Erklärungen unserer instinktiven Freunde dann den Sitz der reinen Dynamik.) Tatsächlich ist auch das Publikum unseren Stücken niemals näher als in solchen Augenblicken. Denn sobald der bourgeoise Schauspieler aufhört, den ihm durch Natur unverständlichen Sinn durch einen andern Sinn zu ersetzen, vermag der uns durch Natur nahe Teil des Publikums unseren, den eigentlichen Sinn wieder herauszuschmecken. Es genügt etwas Unordnung auf der Bühne (die moderne Regie läßt sie leider zuwenig zu), um die wirkliche Ordnung, die den Stücken innewohnt, wenigstens für das Ahnungsvermögen wiederherzustellen.

Es gab eine Zeit, wo ein kleiner Teil des Publikums zeitgenössische Theaterstücke verstehen konnte. Heute verstehen sie nicht einmal mehr die Fachleute. (Unter Fachleuten verstehe ich einige Leute, die Theaterstücke schreiben, einen, der solche inszeniert, und zwei, die diesen kritisieren.) Die Kritik, bei uns der nicht zahlende, sondern bezahlte Teil des Publikums, der schreibt, ist völlig auf sein eigenes Gemütsleben angewiesen (jeder sein eigner Seismograph) und nimmt nur zur Kenntnis, was er kennt. Da nun die neuere Produktion lediglich in den Partien in Erscheinung tritt, die den alten Typus Mensch liquidieren, ist das (bezahlende und bezahlte) Publikum natürlich die letzte Instanz, die über das Fortschreiten des Zerstörungswerkes etwas nur einigermaßen Objektives aussagen könnte. Sie befindet sich in der Situation eines Kranken, der (mehr oder weniger langsam und je weniger langsam, desto besser) aufoperiert wird, und jeder wird begreifen, daß gerade der Operierte von allen bei seiner Operation Anwesenden der letzte ist, der über die Güte der Operation etwas aussagen kann, denn ein falscher Schnitt bereitet ihm zwar Schmerz, aber ein richtiger auch. Ihm bleibt also, falls er ein Bedürfnis hat, ihn zu bewundern, nur die ästhetische Seite der Angelegenheit übrig (Schärfen der Messerchen, Süßigkeit des Chloroforms, Fingerspitzengefühl des Chirurgen sowie dessen Sauberkeit). Leider befindet sich aber das Publikum immer noch in dem Wahn, es handele sich höchstens darum, ihm den Bart abzunehmen, eine einfache Operation, bei der ein richtiger Schnitt sich dadurch von einem falschen unterscheidet, daß er den Operierten verschönert. Bei der Auslöffelung eines fauligen Gehirnkastens aber ist die Beurteilung weit schwieriger, besonders eben für den Patienten selber, dessen Gehirn ja auch durch Herausnahme verfaulter Teile geschädigt wird.

Küpper taucht auf

Es ist eine mißliche Situation. Ich habe keine Beweismittel in den Händen, man muß mir einfach aus Sympathie glauben, daß unsere

Stücke einen Sinn enthalten, weil ich meine Hand aufs Herz lege. Und man muß mir, was viel mehr verlangt ist, sogar glauben, daß sie nicht den Sinn enthalten, den man – bis auf gelegentliche, ganz unsinnige Stellen, die aber schön sind – im Theater wahrnehmen kann. Und nun tritt Küpper hervor. Er bildet sozusagen die Überraschung sowohl des ersten wie des zweiten Absatzes dieser kleinen Skizze. Ich stelle zunächst fest, daß Küpper meines Wissens der Öffentlichkeit ganz unbekannt ist. Das darf nichts schaden, denn Gegner sind, wie mein erster Absatz überzeugend dargetan hat, dünn gesät und äußerst erwünscht. Und dieser Mann Küpper ist ein Gegner, das muß genügen. Ich betone aber auch, daß Küpper sogar mir ziemlich unbekannt ist, denn ich habe nur ein Stück von ihm gelesen und nur seine fürchterlichen Verwünschungen gehört, die er gegen jene ausstößt, die es außerdem gelesen haben.

Es führt zu nichts, wenn wir uns mit alten Leuten herumschlagen, um festzustellen, was jung ist. Es ist natürlich nur deswegen wichtig, jung zu sein, weil es ein Vorteil ist. Es darf nicht als Ruhm gelten. Übrigens sind wir nicht bereit, von uns zu schweigen. Wir sind bereit, von uns zu reden. Was also mein Stück »Dickicht« betrifft, so konnte über seine Neuheit nicht nur deswegen wenig in Erfahrung gebracht werden, weil diese Aufführung (von einem zweifellos neuen Regisseur geleitet) nicht besonders neu war. Es fanden sich genug Leute, die klatschten, und genug Leute, die dies einen Tag später weglogen, und beide Teile beriefen sich darauf, daß der andere Teil klatschte oder log, weil das Stück neu sei. Dagegen gab es Gott sei Dank junge Leute genug, die dagegen opponierten, und auf diese kommt es an. Ich denke, daß Küpper darunter ist, genauer gesagt, ich hoffe es. Ich nehme an, er wird hauptsächlich sagen, daß mein Stück uralt sei, und da ich im gleichen Moment über sein Stück reden werde, wird das Wort »uralt« wie aus einem Munde erschallen. Aber worin wir einig sind, das ist in der Forderung, daß die Frage vor Gericht gebracht werden und der Verurteilte im Kerker enden muß. Das ist aber eine zweifellos neue Idee. Sie dokumentiert sich in dem berühmten Affenprozeß zu Dayton, welcher eine große Etappe des Fortschritts genannt werden muß auf den Bolschewismus zu, weil in ihm ein Volk eine starke, gesunde Reaktion auf eine Idee zeigte und sogleich das naive Vertrauen auf seine Gerichtshöfe. Daß ein Volk einen Streitfall zwischen Religion und Wissenschaft durch einen Kriminalgerichtshof entscheiden läßt, ist ein klarer Erfolg des bolschewistischen Atheismus. Was nun den Kampf ums Theater betrifft, der (auf einer kleinen Vorstadtwiese, denn das bürgerliche Theater zu betreten, ist uns beiden untersagt) zwischen Küpper und mir tobt, so ist dies tatsächlich der eigentliche Kampf, und er kann nicht durch ästhetische Erörterungen entschieden werden, da er der Kampf der Ideen ist (nicht einer der Gewohnheiten), obwohl ich zugeben muß, daß ich den Wert der Ideen hauptsächlich ästhetisch beurteile, was übrigens der Grund des Kampfes sein dürfte. Küpper nämlich geht es um die Sache, er ist kollektivistisch eingestellt; und was immer daraus für Unheil kommen mag, wer immer sich als Besitzer dieser Bezeichnung melden mag, ich behaupte jetzt einfach, um weiterzukommen, Küpper sei für neue Sachlichkeit. Ich aber bin gegen sie.

Die neue Sachlichkeit

Wir dürfen keinen Augenblick außer acht lassen, Küpper, daß wir von der herrschenden bürgerlichen Welt durch eine Welt getrennt sind. Daß ich dort erschien und erscheine, kommt von einigen Mißverständnissen und weil ich geldgierig bin. Niemals aber werde ich Sie in dieser Sache verraten. Ich muß Sie bitten, mir ohne weitere Sentimentalitäten zuzubilligen, daß ich natürlich nicht für jene entsetzliche hilflose Unsachlichkeit bin, die das gegenwärtige bürgerliche Theater allein am Leben erhält. Über dieser Leute Unsachlichkeit lache ich, aber über Ihre Sachlichkeit bin ich erbittert. Ich nehme an, daß sie kommen wird, in der Malerei ist sie schon da. Auf dem Theater muß sie kommen. Die Theater können viel zuwenig, als daß sie noch lang etwas anderes machen könnten als etwas rein Sachliches. Die Sachlichkeit wird kommen, und es wird gut sein, wenn sie kommt – ich wünsche es bei Lenin –, vorher kann man gar nichts weiter unternehmen; aber dieser unvermeidliche und absolut nötige Fortschritt wird eine reaktionäre Angelegenheit sein, das ist es, was ich behaupten möchte: Die neue Sachlichkeit ist reaktionär.

Die Bleibe

Und er nahm, was sie gaben, denn hart ist die Not
Doch er sprach (denn er war kein Tor):
»Warum gebt Ihr mir Obdach? Warum gebt Ihr mir Brot?
Weh! Was habt Ihr mit mir vor?!«
Aus »Herrn Aigihns Untergang«. (Alte irische Ballade)

Ein Soldat namens George Fewkoombey wurde im Burenkrieg ins
Bein geschossen, so daß ihm in einem Hospital in Kaptown der
Unterschenkel amputiert werden mußte. Er kehrte nach London
zurück und bekam 75 Pfund ausbezahlt, dafür unterzeichnete er
ein Papier, worauf stand, daß er keinerlei Ansprüche mehr an den
Staat habe. Die 75 Pfund steckte er in eine kleine Kneipe in
Newgate, die in letzter Zeit, wie er sich aus den Büchern, kleinen,
mit Bleistift geführten, bierfleckigen Kladden, überzeugen konnte,
ihre reichlich 40 Schilling abwarf.

Als er in das winzige Hinterzimmer eingezogen war und den
Schankbetrieb zusammen mit einem alten Weib ein paar Wochen
geführt hatte, wußte er, daß sein Bein sich nicht besonders rentiert
hatte: die Einnahmen blieben erheblich unter 40 Schillingen, obgleich es der Soldat an Höflichkeit seinen Gästen gegenüber nicht
fehlen ließ. Er erfuhr, daß die letzte Zeit durch im Viertel gebaut
worden war, so daß die Maurer für Betrieb in der Kneipe gesorgt
hatten. Der Bau war aber jetzt fertig und damit war es mit der
vielen Kundschaft aus. Der neue Käufer hätte das, wie man ihm
sagte, aus den Büchern leicht erkennen können, da die Einnahmen
an den Wochentagen entgegen allen Erfahrungen des Gastwirtsge-
werbes höher gewesen waren als an den Feiertagen; jedoch war der
Mann bisher nur Gast solcher Lokale gewesen und nicht Wirt. Er
konnte das Lokal knapp vier Monate halten, umsomehr, als er
zuviel Zeit damit verschwendete, den Wohnort des früheren Besit-
zers ausfindig zu machen, und lag dann mittellos auf der Straße.

Eine Zeitlang fand er Unterkunft bei einer jungen Kriegerfrau,
deren Kindern er, während sie ihren kleinen Laden versorgte, vom
Kriege erzählte. Dann schrieb ihr Mann, er komme auf Urlaub,
und sie wollte den Soldaten, mit dem sie inzwischen, wie das in
engen Wohnungen eben geht, geschlafen hatte, möglichst rasch
aus der Wohnung haben. Er vertrödelte noch ein paar Tage, mußte
dennoch heraus, besuchte sie noch einige Male, als der Mann

schon zurück war, bekam auch etwas zu essen vorgesetzt, kam aber doch immer mehr herunter und versank in dem endlosen Zug der Elenden, die der Hunger Tag und Nacht durch die Straßen der Hauptstadt der Welt spült.

Eines Morgens stand er auf einer der Themsebrücken. Er hatte seit zwei Tagen nichts Richtiges gegessen, denn die Leute, an die er sich in seiner alten Soldatenmontur in den Kneipen herangemacht hatte, bezahlten ihm wohl einige Getränke, aber kein Essen. Ohne die Montur hätten sie ihm auch keine Getränke bezahlt, er hatte sie deshalb eigens angezogen gehabt.

Jetzt ging er wieder in seinen Zivilkleidern, die er als Wirt getragen hatte. Denn er hatte vor zu betteln und schämte sich. Er schämte sich nicht, daß er eine Kugel ins Bein bekommen und eine unrentable Wirtschaft gekauft hatte, sondern daß er darauf angewiesen war, wildfremden Leuten Geld abzuverlangen. Seiner Meinung nach schuldete keiner keinem etwas.

Das Betteln wurde ihm schwer. Das war der Beruf für diejenigen, die nichts gelernt hatten; nur wollte auch dieser Beruf anscheinend gelernt sein. Er sprach mehrere Leute hintereinander an, aber mit einem hochmütigen Gesichtsausdruck und besorgt, sich den Angesprochenen nicht in den Weg zu stellen, damit sie sich nicht belästigt fühlen sollten. Auch wählte er verhältnismäßig lange Sätze, die erst zu Ende kamen, wenn die Angeredeten schon vorüber waren; auch hielt er die Hand nicht hin. So hatte, als er sich schon an die fünf Mal gedemütigt hatte, wohl kaum einer gemerkt, daß er angebettelt worden war.

Wohl aber hatte es jemand anderes gemerkt; denn plötzlich hörte er von hinten eine heisere Stimme sagen: »Wirst du dich wohl hier wegschwingen, du Hund!« Schuldbewußt wie er war, sah er sich gar nicht um. Er ging einfach weiter, die Schultern eingezogen. Erst nach einigen Hundert Schritten wagte er sich umzublicken und sah zwei zerlumpte Straßenbettler niederster Sorte beieinander stehen und ihm nachschauen. Sie folgten ihm auch, als er forthinkte.

Erst einige Straßen weiter sah er sie nicht mehr hinter sich.

Am nächsten Tage, als er in der Gegend der Docks herumlungerte, immer noch ab und zu Personen der niederen Klasse durch seine Versuche, sie anzusprechen, in Erstaunen versetzend, wurde er plötzlich in den Rücken geschlagen. Gleichzeitig steckte ihm der Schläger etwas in die Tasche. Er sah niemand mehr, als er sich umblickte, aber aus der Tasche zog er eine steife Karte, vielfach eingebogen und unsäglich verdreckt, auf der eine Firma gedruckt stand: J. J. Peachum, Old Oakstraße 7, und darunter, mit Bleistift geschmiert: »Wenn dir deine Gnochen was Wehrt sinn, dann adresse wie obig!« Es war zweimal unterstrichen.

Langsam ging es Fewkoombey auf, daß die Überfälle mit seiner Bettelei zusammenhängen müßten. Er verspürte jedoch keine besondere Lust, in die Old Oakstraße zu gehen.

Nachmittags, vor einer Stehbierhalle, wurde er von einem Bettler angesprochen, den er als einen der zwei vom vorigen Tage erkannte. Er schien heute verträglicher. Er war noch ein junger Mann und sah nicht eigentlich schlimm aus. Er faßte Fewkoombey am Rockärmel und zog ihn mit sich.

»Du verdammter Dreckhund«, begann er mit freundlicher Stimme und ganz ruhig, »zeig deine Nummer!«

»Was für eine Nummer?« fragte der Soldat.

Neben ihm herschlendernd, weiter freundlich, aber ihn keinen Augenblick loslassend, erklärte ihm der junge Mann in der Sprache dieser Schichten, daß sein neues Gewerbe ebenso geordnet sei wie jedes andere, vielleicht noch besser; daß er sich nämlich in keiner wilden, von zivilisierten Menschen verlassenen Gegend befinde, sondern in einer großen und geordneten Stadt, der Hauptstadt der Welt. Für die Ausübung seines neuen Handwerks brauche er also eine Nummer, eine Art Erlaubnismarke, die er da und da bekommen könne – nicht umsonst, es gab da eine Gesellschaft mit dem Sitz in der Old Oakstraße, der er rechtmäßig angehören müsse.

Fewkoombey hörte, ohne eine einzige Frage zu stellen, zu. Dann erwiderte er, ebenso freundlich – sie gingen durch eine menschenreiche Straße –, er freue sich, daß es eine solche Gesellschaft gebe, genau wie bei den Maurern und den Friseuren, er zöge aber für seinen Teil vor, zu tun was ihm beliebe, da ihm in seinem Leben schon eher zuviel Vorschriften gemacht worden seien als zu wenige, was sein Holzbein beweise.

Damit reichte er seinem Begleiter, der ihm mit einer Miene zugehört hatte, als höre er eine ihn außerordentlich interessierende Ausführung eines erfahrenen Mannes, der er nur nicht ganz beistimmen könne, die Hand zum Abschied, und der schlug ihm lachend wie einem alten Bekannten auf die Schulter und ging über die Straße. Fewkoombey gefiel sein Lachen nicht.

In den nächsten Tagen ging es ihm immer schlechter.

Es stellte sich heraus, daß man, um einigermaßen regelmäßig Almosen zu bekommen, an einer bestimmten Stelle sitzen mußte (und da gab es dann noch gute und schlechte), und das konnte er nicht. Er wurde immer vertrieben. Er wußte nicht, wie es die andern machten. Irgendwie sahen sie alle elender aus als er. Ihre Kleider waren richtige Lumpen, durch die man die Knochen sehen konnte (später erfuhr er, daß in gewissen Kreisen ein Anzug ohne solche Einblicke auf Fleischpartien als ein Auslagefenster galt, das mit Papier verklebt ist). Auch ihr körperliches Aussehen war schlimmer; sie hatten mehr und ärgere Gebrechen. Viele saßen ohne Unterlagen auf dem kalten Boden, so daß der Passant wirklich die Sicherheit hatte, daß sich der Mensch eine Krankheit holen mußte. Fewkoombey hätte sich gern auf den kalten Boden gesetzt, wenn es ihm nur erlaubt worden wäre. Der entsetzliche und erbarmungswürdige Sitz war aber anscheinend nicht Allgemeingut. Polizisten und Bettler störten ihn immerfort auf.

Durch das, was er durchmachte, holte er sich eine Erkältung, die sich auf die Brust schlug, so daß er mit Stichen in der Brust in hohem Fieber herumlief.

Eines Abends begegnete er wieder dem jungen Bettler, der ihm sogleich folgte. Zwei Straßen weiter hatte sich diesem noch ein anderer Bettler zugesellt. Er fing an zu laufen, sie liefen auch.

Er bog in einige kleinere Gassen ein, um sie los zu werden. Er meinte schon, dies sei ihm gelungen, da standen sie bei einer Straßenecke plötzlich vor ihm, und bevor er sie noch genauer sah, schlugen sie mit Stöcken nach ihm. Einer warf sich sogar auf das Pflaster und zog ihn an seinem Holzbein, so daß er hinterrücks auf den Hinterkopf fiel. In diesem Augenblick ließen sie aber von ihm ab und liefen weg; um die Ecke war ein Schutzmann gekommen.

Fewkoombey glaubte schon, der Schutzmann könnte ihn hochnehmen, da rollte aus einer Häusernische unmittelbar neben ihm auf einem kleinen Karren ein dritter Bettler hervor und deutete aufgeregt auf die Entlaufenden, wobei er mit gurgelnder Stimme etwas dem Schutzmann zu erklären suchte. Als Fewkoombey, von dem Schutzmann hochgerissen und mit einem Tritt vorwärtsgestoßen, weitertrabte, blieb der Bettler dicht hinter ihm, mit beiden Armen seinen eisernen Karren rudernd.

Ihm schienen die Beine zu fehlen.

An einer weiteren Straßenecke griff der Beinlose Fewkoombey an die Hose. Sie befanden sich im schmutzigsten Viertel, die Gassen waren nicht breiter als eine Mannslänge, neben ihnen gähnte ein niedriger Durchgang in einen dunklen Hof. »Hier herein!« befahl der Krüppel gurgelnd. Da er zugleich mit seinem Gefährt, das einen stählernen Hebel an der Seite hatte, an Fewkoombeys Schienbein fuhr und dieser vom Hungern geschwächt war, brachte er ihn wirklich in den kaum drei Meter im Geviert messenden Hof. Und bevor der Überraschte um sich blicken konnte, kletterte der Krüppel, ein älterer Mensch mit riesiger Kinnlade, affenartig aus seinem Karren, besaß plötzlich wieder seine beiden gesunden Beine und stürzte sich auf ihn.

Er überragte Fewkoombey um gut eine Haupteslänge und seine Arme waren wie die eines Orang Utans.

»Jacke aus!« rief er. »Zeige in offenem, ehrlichem Kampf, ob du fähiger bist als ich, eine sich gut rentierende Stellung zu besitzen, die wir beide erstreben: ›Freie Bahn dem Tüchtigen!‹ und ›Wehe dem Besiegten!‹ ist mein Wahlspruch. Auf diese Art ist der ganzen Menschheit gedient, denn nur die Tüchtigen kommen so in die Höhe und in den Besitz des Schönen auf Erden. Wende aber keine unfairen Mittel an, schlage nicht unter den Gürtel und ins Genick und laß die Knie aus dem Spiel! Der Kampf muß, soll er Geltung haben, nach den Regeln des Britischen Faustkämpferverbandes ausgefochten werden!«

Der Kampf war kurz. Seelisch und körperlich zerbrochen schlich Fewkoombey hinter dem Alten her.

Von der Old Oakstraße war nicht mehr die Rede.

Eine Woche lang blieb er unter der Fuchtel des Alten, der ihn an einer bestimmten Ecke aufstellte, übrigens wieder in Soldatenuniform, und der ihn auch, wenn abends abgerechnet worden war, abfütterte.

Seine Einnahmen blieben immer unter einer sehr niederen Grenze. Er mußte sie an den Alten abliefern, wußte also oft nicht einmal, ob die paar Groschen die Bratheringe und die Tasse Schnaps niederster Sorte deckten, die seine Hauptmahlzeit bildeten. Der Alte, dessen Gebrechen schlimmer schien und in Wirklichkeit überhaupt nicht vorhanden war, hatte einen ganz anderen Zulauf als er.

Mit der Zeit kam der Soldat zu der Überzeugung, daß sein Chef nur den Platz auf der Brücke, sich selber gegenüber, besetzt haben wollte. Die Haupteinnahmequelle waren die Leute, die regelmäßig an der Stelle vorbeikamen, jeden Vormittag oder, wenn sie ins

Geschäft gingen am Morgen und abends, wenn sie heimgingen. Sie gaben nur einmal und sie benutzten zwar im allgemeinen immer dieselbe Straßenseite, aber manchmal nach längeren Zeitläufen wechselten sie doch. Vollständig konnte man sich auf sie keinesfalls verlassen.

Fewkoombey fühlte, diese Stellung war ein Fortschritt, aber sie war noch nicht das Richtige.

Nach Ablauf der Woche bekam der Alte anscheinend seinetwegen Anstände bei der geheimnisvollen Gesellschaft in der Old Oakstraße. Drei, vier Bettler überfielen die beiden, als sie frühmorgens eben ihren Unterschlupf in einem Schiffsschuppen verlassen wollten und schleppten sie mehrere Straßen lang in ein Haus mit einem kleinen, unsäglich verdreckten Laden, auf dessen Schild »Instrumente« stand.

Hinter einem wurmstichigen Ladentisch standen zwei Männer. Der eine, klein und dürr, von gemeinem Gesichtsausdruck, mit einer ehemals schwarzen Hose und einer ebensolchen Weste bekleidet, stand in Hemdsärmeln und einen zerbeulten Hut auf dem Hinterkopf, die Hände in den Hosentaschen, am Schaufenster und blickte in den trüben Morgen hinaus. Er wandte sich nicht um und gab kein Zeichen von Interesse von sich. Der andere war dick und krebsrot im Gesicht und sah womöglich noch gemeiner aus.

»Guten Morgen, Herr Smithy«, begrüßte er den Alten, höhnisch, wie es schien, und ging ihm voraus durch eine blechbeschlagene Tür ins Nebenzimmer. Der Alte blickte unsicher um sich, bevor er ihm zusammen mit den Männern, die ihn geholt hatten, folgte. Sein Gesicht war grau geworden.

Fewkoombey blieb, wie übersehen, in dem kleinen Ladenraum stehen. An der Wand hingen ein paar Musikinstrumente, alte, zerbeulte Trompeten, Geigen ohne Saiten, einige zerschrammte Drehorgelkästen. Das Geschäft schien nicht sehr gut zu gehen, die Instrumente waren von dickem Staub bedeckt.

Fewkoombey sollte noch erfahren, daß die sieben oder acht Musikklamotten keine besondere Rolle in dem Geschäft spielten, in das er getreten war. Auch die schmale, nur zweifenstrige Front des Hauses deutete höchst unvollkommen den Umfang der von ihr vertretenen Baulichkeiten an. Auch der Ladentisch mit der wackligen Kassenschublade bekannte nicht Farbe.

In dem alten Fachbau, der drei ganz geräumige Häuser mit zwei Höfen umfaßte, waren eine Schneiderei mit einem halben Dutzend

Mädchen und eine Schuhmacherwerkstatt mit nicht weniger Fachleuten erster Ordnung etabliert. Und vor allem gab es irgendwo hier eine Kartothek, in der gut 6000 Namen geführt wurden, die Männern und Frauen gehörten, die alle die Ehre hatten, für dieses Haus zu arbeiten.

Der Soldat begriff noch keineswegs, wie dieser eigentümliche und anrüchige Betrieb funktionieren mochte; dazu brauchte er noch wochenlang. Aber er war zu zermürbt, um nicht einzusehen, daß es ein Glück für ihn wäre, hier einzutreten, in eine große, geheimnisvolle und mächtige Organisation.

Herr Smithy, Fewkoombeys erster Brotgeber, kam an diesem Vormittag nicht mehr zum Vorschein, und Fewkoombey sah ihn später höchstens zwei oder drei Mal wieder und nur von fern.

Der Dicke rief nach einiger Zeit, die Blechtür einen Spalt weit öffnend, in den Laden herein:

»Hat echtes Holzbein.«

Der Kleine, der aber der Herr zu sein schien, ging auf Fewkoombey zu und hob ihm mit einem schnellen Griff die Hose hoch, um das Holzbein zu sehen. Dann ging er, die Hände wieder in den Hosentaschen, zu dem blinden Fenster zurück, sah hinaus und sagte leise:

»Was können Sie?«

»Nichts«, sagte der Soldat ebenso leise. »Ich bettle.«

»*Das möchte jeder*«, sagte der kleine Mann höhnisch und nicht einmal hersehend. »*Sie haben ein Holzbein. Und weil Sie ein Holzbein haben, wollen Sie betteln? Ach! Aber Sie haben dieses Bein im Dienst des Vaterlandes verloren? Umso schlimmer! Das kann jedem passieren? Sicherlich! (Außer er ist Kriegsminister.) Da ist jeder auf den andern angewiesen, wenn das Bein weg ist? Unbestreitbar! Aber ebenso unbestreitbar, daß keiner gern etwas hergibt! Kriege, das sind Ausnahmefälle. Wenn ein Erdbeben stattfindet, dafür kann keiner was. Als ob man nicht das Schindluder kennte, das mit dem Patriotismus der Patrioten getrieben wird! Zuerst melden sie sich alle freiwillig und dann, wenn das Bein weg ist, will es keiner gewesen sein! Ganz abgesehen von den unzähligen Fällen, wo ein Bierkutscher, dem beim gewöhnlichen Gelderwerb, eben dem Bierfahren, das Bein abhanden kam, von der Schlacht bei Dingsda daherfaselt! Und noch etwas, die Hauptsache: darum gilt es doch als so verdienstvoll, für das Vaterland in den Krieg zu ziehen, darum überhäuft man doch eben diese Braven so mit Ehren und Beifall, weil dann das Bein weg ist! Wenn nicht dieses kleine Risiko dabei wäre, also gut, dieses große Risiko, wozu dann die tiefe Dankbarkeit der ganzen Nation? Im Grunde sind Sie ein Antikriegsdemonstrant, leugnen Sie schon erst gar nicht! Sie wollen, indem Sie so herumstehen und sich gar keine Mühe geben, Ihren Stumpf zu verbergen, zum Ausdruck bringen: ach, was sind Kriege für furchtbare Dinge, man verliert sein Bein dabei! Schämen Sie sich, Herr! Kriege sind so notwendig, wie sie furchtbar sind. Soll uns alles weggenommen werden? Sollen auf dieser britischen Insel fremde Leute herumwirtschaften, Feinde? Wünschen Sie etwa, inmitten von Feinden zu leben? Sehen Sie, Sie wünschen es nicht! Kurz, Sie sollen nicht mit Ihrem Elend hausieren gehen, Mann. Sie haben das Zeug nicht dazu...«*

Als er ausgesprochen hatte, ging er, ohne den Soldaten anzusehen, an ihm vorbei in das Kontor hinter der Blechtür. Aber der Dicke kam heraus und führte ihn, des Beines wegen, wie er sagte, durch einen Hof in einen zweiten Hof, wo er ihm einen Hundezwinger übergab.

In der Folge trieb sich der Soldat zu jeder Tages- und Nachtzeit auf dem einen Hofe herum und kontrollierte die Blindenhunde. Davon gab es eine ganze Anzahl; sie waren nicht nach der Eignung, blinde Leute zu führen, ausgesucht (es gab hier keine fünf solcher Bedauernswerten), sondern nach anderen Gesichtspunkten, nämlich danach, ob sie genug Mitleid hervorriefen, d. h. billig genug aussahen, was zum Teil allerdings auch von der Fütterung abhängt. Sie sahen sehr billig aus.

Wäre Fewkoombey von einem Volkszählungsbeamten gefragt worden, was für einen Beruf er ausübe, wäre er in Verlegenheit gewesen, ganz abgesehen von allen Bedenken, vielleicht der Polizei aufzufallen. Kaum hätte er sich einen Bettler genannt. Er war Angestellter in einem Unternehmen, das Utensilien für Straßenbettel verkaufte.

Es wurden keinerlei Versuche mehr angestellt, aus ihm einen einigermaßen leistungsfähigen Bettler zu machen. Die Fachleute hier hatten auf den ersten Blick erkannt, daß er es so weit niemals bringen würde. Er hatte Glück gehabt. Er besaß keine von den Eigenschaften, die einen Bettler ausmachen, aber er besaß, was nicht jeder hier von sich sagen konnte, ein echtes Holzbein und das genügte, ihm ein Engagement zu verschaffen.

Ab und zu wurde er in den Laden gerufen und mußte einem

Beamten der nächsten Polizeistation sein Holzbein vorzeigen. Zu diesem Zweck hätte es gar nicht so echt zu sein brauchen, wie es leider war. Der Mann sah kaum hin. Es war da fast immer zufällig Fräulein Polly Peachum, die Tochter des Chefs, im Laden, die mit Beamten umzugehen wußte.

Im großen und ganzen aber lebte der frühere Soldat das halbe Jahr, das ihm noch vergönnt war, unter den Hunden. Dann sollte er auf eine eigentümliche Art dieses spärlich gewordene Leben verlieren, einen Strick um den Hals, unter dem Beifall einer großen Volksmenge.

Der kleine Mann, den er am ersten Morgen seiner Anwesenheit in diesem interessanten Hause am Schaufenster hatte stehen sehen, war Herr Jonathan Jeremiah Peachum gewesen.

Über Leibesübungen

Die Weber von Sen-se betrieben eifrig Leibesübungen. Me-ti sagte ihnen: Ich höre, die Webereibesitzer haben eure Webstühle so bauen lassen, daß beim dauernden Weben euer rechter Arm dick und euer linker dünn wird. Um diese Mißbildung zu bekämpfen, macht ihr in eurer Freizeit Leibesübungen. Diese Arbeit, die ihr macht, um die Folgen der Arbeit zu beseitigen, wird natürlich nicht bezahlt und ist auch ganz unproduktiv. Ich schlage euch vor, ihr einen besseren Sinn zu verleihen, indem ihr eure Freiübungen mit Gewehren veranstaltet. Ist nicht auch euer Auge geschwächt und wird es nicht besser durch Zielen? Das Knüpfen von Seilen wiederum bildet die Hände aus. Und nichts ist notwendiger für eure Rücken, als zu wissen, wie man unter einen Kriegswagen kriecht. Durch richtigen Sport werden nicht nur eure Mißbildungen, sondern auch die Mißbildungen eurer Maschinen verschwinden.

Die Sichtbarkeit der Lichtquellen

Das offene Zeigen der Lampenapparatur hat Bedeutung, da es eines der Mittel sein kann, nichtgewünschte Illusion zu verhindern. Es verhindert kaum die gewünschte Konzentration. Wenn wir das Spiel der Schauspieler so beleuchten, daß die Beleuchtungsanlage ins Blickfeld des Zuschauers fällt, zerstören wir einiges von seiner Illusion, einem momentanen, spontanen, nichtgeprobten, wirklichen Vorgang beizuwohnen. Er sieht, es sind Anstalten getroffen, etwas zu zeigen, hier wird etwas wiederholt unter besonderen Umständen, z. B. in hellstem Licht. Getroffen werden soll durch das Zeigen der Lichtquelle die Absicht des alten Theaters, sie zu verbergen. Niemand würde erwarten, daß bei einer sportlichen Veranstaltung, etwa einem Boxkampf, die Lampen verdeckt werden. Wie immer die Darbietungen des neueren Theaters sich von sportlichen unterscheiden mögen, sie unterscheiden sich von ihnen nicht in dem Punkt, wo das alte Theater es für nötig findet, die Lichtquelle zu verstecken.

Über die Art des Philosophierens

Habe ich das Stückeschreiben und Stückeaufführen zu einer Gepflogenheit des Philosophierens gemacht, ohne mich zu kümmern, was andere darunter verstehen mögen, so muß ich jetzt auch dieses Philosophieren in eigener Weise bestimmen, denn in unserer Zeit und seit lange schon bedeutet Philosophieren etwas ganz Bestimmtes, was ich gar nicht im Auge habe.

Von Natur habe ich keine Fähigkeit für die Metaphysik; was alles man sich denken kann und wie sich die Begriffe miteinander vertragen, das sind für mich spanische Dörfer. So halte ich mich an die vornehmlich im niederen Volke umlaufende Art des Philosophierens, an das, was die Leute meinen, wenn sie sagen: »Geh zu dem da um einen Rat, er ist ein Philosoph« oder: »Der da hat wie ein echter Philosoph gehandelt«. Und ich möchte hier nur eine Unterscheidung machen. Wenn das Volk einem eine philosophische Haltung zuschreibt, so ist es fast immer eine Fähigkeit des

Aushaltens von was. Im Faustkampf unterscheidet man Kämpfer, die gut im Nehmen, und Kämpfer, die gut im Geben sind, d.h. Kämpfer, die viel aushalten, und Kämpfer, die gut zuschlagen, und das Volk versteht unter Philosophen in diesem Sinne die Nehmer; was von seiner Lage kommt. Ich aber will im folgenden unter Philosophieren die Kunst des Nehmens *und* Gebens im Kampf verstehen, sonst aber, wie gesagt, mit dem Volk in dem, was Philosophieren bedeuten soll, in Übereinstimmung bleiben.

Es ist also einfach ein Interesse an dem Verhalten der Menschen, eine Beurteilung ihrer Künste, durch die sie ihr Leben machen, was den Philosophen dieser Art ausmacht, also ein durchaus praktisches und auf das Nützliche gerichtetes Interesse, und nur soweit die Begriffe der akademischen und gelehrten Philosophie Griffe sind, an denen sich die Dinge drehen lassen, Dinge und nicht wieder Begriffe, können sie in diese Philosophie der Straße kommen, die eine Philosophie der Fingerzeige ist. Und wenn das Nützliche etwas Prosaisches haben sollte, so müssen wir das Prosaische mit neuen Augen ansehen und lieber auf das Poetische verzichten, als es ihm erlassen, nützlich zu sein.

Bei Durchsicht meiner ersten Stücke

Von meinen ersten Stücken ist die Komödie »Trommeln in der Nacht« das zwieschlächtigste. Die Auflehnung gegen eine zu verwerfende literarische Konvention führte hier beinahe zur Verwerfung einer großen sozialen Auflehnung. Die »normale«, d.h. konventionelle Führung der Fabel hätte dem aus dem Krieg kehrenden Soldaten, der sich der Revolution anschließt, weil sein Mädchen sich anderweitig verlobt hat, entweder das Mädchen zurückgegeben oder endgültig verweigert, in beiden Fällen jedoch den Soldaten in der Revolution belassen. In »Trommeln in der Nacht« bekommt der Soldat Kragler sein Mädchen zurück, wenn auch »beschädigt«, und kehrt der Revolution den Rücken. Dies erscheint geradezu die schäbigste aller möglichen Varianten, zumal da auch noch eine Zustimmung des Stückschreibers geahnt werden kann.

Ich sehe heute, daß mich mein Widerspruchsgeist – ich unterdrücke den Wunsch, hier das Wort »jugendlicher« einzuschalten, da ich hoffe, ihn auch heute noch ungeschmälert zur Verfügung zu haben – dicht an die Grenze des Absurden herangeführt hat.

Die Oh-Mensch-Dramatik dieser Zeit mit ihren unrealistischen Scheinlösungen stieß den Studenten der Naturwissenschaften ab. Hier wurde ein höchst unwahrscheinliches und bestimmt uneffektives Kollektiv »guter« Menschen konstruiert, das dem Krieg, diesem komplizierten, tief in der Gesellschaftsform verwurzelten Phänomen, hauptsächlich durch moralische Verfemung ein ewiges Ende bereiten sollte! Ich wußte nahezu nichts Genaues über die russische Revolution, aber schon meine bescheidenen Erfahrungen als Sanitätssoldat im Winter 1918 ließen mich ahnen, daß eine ganz andere, eine neue Kampfkraft von säkularem Ausmaß den Schauplatz betreten hatte: das revolutionäre Proletariat.

Anscheinend reichten meine Erkenntnisse nicht dazu aus, den vollen Ernst der proletarischen Erhebung des Winters 1918/19, sondern nur dazu, den Unernst der Beteiligung meines randalierenden »Helden« an der Erhebung zu realisieren. Die Initiatoren des Kampfes waren die Proleten; er war der Nutznießer. Sie benötigten keinen Verlust, um sich zu empören; er konnte entschädigt werden. Sie waren bereit, seine Sache mitzubesorgen; er gab die ihre preis. Sie waren die tragischen Gestalten; er war die komische. Dies hatte mir, wie die Lektüre des Stückes ergab, durchaus vor Augen gestanden, aber es war mir nicht gelungen, den Zuschauer die Revolution anders sehen zu lassen, als der »Held« Kragler sie sah, und er sah sie als etwas Romantisches. Die Technik der Verfremdung stand mir noch nicht zur Verfügung.

Bei der Lektüre der Akte drei, vier und fünf von »Trommeln in der Nacht« befiel mich eine solche Unzufriedenheit, daß ich erwog, dieses Stück zu unterdrücken. Nur die Überlegung, daß die Literatur der Geschichte angehört und diese nicht gefälscht werden darf, sowie das Gefühl, daß meine jetzigen Ansichten und Fähigkeiten weniger wert wären ohne die Kenntnis meiner früheren – vorausgesetzt, da hat eine Besserung stattgefunden –, hinderten mich, den kleinen Scheiterhaufen zu errichten. Auch ist Unterdrückung nicht genug, Falsches muß korrigiert werden.[1]

Allzuviel konnte ich freilich nicht tun. Die Figur des Soldaten

---

1 Die Theorie der »Überaufgabe« hilft übrigens auch, das dialektische Problem der »Einfühlung« zu klären. Wieweit und warum ich selber schon als Stückeschreiber von Stanislawski darin differiere, bedarf genauerer Untersuchungen.

Kragler, des Kleinbürgers, durfte ich nicht antasten. Auch die relative Billigung seiner Haltung mußte ihm erhalten bleiben. Haben doch auch die Proleten immer noch mehr Verständnis für den Kleinbürger, der seine Interessen verteidigt – und seien es die kümmerlichsten, und sei es, er verteidigt diese gegen sie –, als für den, der aus Romantik oder schandenhalber mitmacht. Ich verstärkte jedoch die Gegenseite. Ich gab dem Schankwirt Glubb einen Neffen, einen jungen Arbeiter, der in den Novembertagen als Revolutionär gefallen ist. In diesem Arbeiter, freilich nur skizzenhaft sichtbar, jedoch durch die Skrupel des Schankwirts immerhin sich verdichtend, gewann der Soldat Kragler eine Art Gegenpart.

Es muß dem Leser oder Zuschauer dann zugemutet werden, ohne Hilfe geeigneter Verfremdungen von der Sympathie gegenüber dem Helden der Komödie zur Antipathie hinüberzuwechseln.

Das Stück »Baal« mag denen, die nicht gelernt haben, dialektisch zu denken, allerhand Schwierigkeiten bereiten. Sie werden darin kaum etwas anderes als die Verherrlichung nackter Ichsucht erblicken. Jedoch setzt sich hier ein »Ich« gegen die Zumutungen und Entmutigungen einer Welt, die nicht eine ausnutzbare, sondern nur eine ausbeutbare Produktivität anerkennt. Es ist nicht zu sagen, wie Baal sich zu einer Verwertung seiner Talente stellen würde; er wehrt sich gegen ihre Verwurstung. Die Lebenskunst Baals teilt das Geschick aller andern Künste im Kapitalismus: sie wird befehdet. Er ist asozial, aber in einer asozialen Gesellschaft.

Zwanzig Jahre nach der Niederschrift des »Baal« bewegte mich ein Stoff (für eine Oper), der wieder mit dem Grundgedanken des »Baal« zu tun hatte. Es gibt eine chinesische Figur, meist fingerlang, aus Holz geschnitzt und zu Tausenden auf den Markt geworfen, darstellend den kleinen dicken Gott des Glücks, der sich wohlig streckt. Dieser Gott sollte, von Osten kommend, nach einem großen Krieg in die zerstörten Städte einziehen und die Menschen dazu bewegen wollen, für ihr persönliches Glück und Wohlbefinden zu kämpfen. Er sammelt Jünger verschiedener Art und zieht sich die Verfolgung der Behörden auf den Hals, als einige von ihnen zu lehren anfangen, die Bauern müßten Boden bekommen, die Arbeiter die Fabriken übernehmen, die Arbeiter- und Bauernkinder die Schulen erobern. Er wird verhaftet und zum Tod verurteilt. Und nun probieren die Henker ihre Künste an dem kleinen Glücksgott aus. Aber die Gifte, die man ihm reicht, schmecken ihm nur, der Kopf, den man ihm abhaut, wächst sofort nach, am Galgen vollführt er einen mit seiner Lustigkeit ansteckenden Tanz usw. usw. *Es ist unmöglich, das Glücksverlangen der Menschen ganz zu töten.*

Die erste und letzte Szene des Stückes »Baal« wurden für diese Ausgabe wieder so hergestellt, wie sie in der ersten Niederschrift waren. Sonst lasse ich das Stück, wie es ist, da mir die Kraft fehlt, es zu verändern. Ich gebe zu (und warne): dem Stück fehlt Weisheit.

Wenn auch nicht sehr deutlich, so erinnere ich mich doch an das Schreiben des Stückes »Im Dickicht der Städte«, jedenfalls erinnere ich mich an Wünsche und Vorstellungen, die mich erfüllten. Eine gewisse Rolle spielte, daß ich »Die Räuber« auf dem Theater gesehen hatte, und zwar in einer jener schlechten Aufführungen, die durch ihre Ärmlichkeit die großen Linien eines guten Stückes hervortreten lassen, so daß die guten Wünsche des Dichters dadurch zutage treten, daß sie nicht erfüllt werden. In diesem Stück wird um bürgerliches Erbe mit teilweise unbürgerlichen Mitteln ein äußerster, wildester, zerreißender Kampf geführt. Es war die Wildheit, die mich an diesem Kampf interessierte, und da in diesen Jahren (nach 1920) der Sport, besonders der Boxsport mir Spaß bereitete, als eine der »großen mythischen Vergnügungen der Riesenstädte von jenseits des großen Teiches«, sollte in meinem neuen Stück ein »Kampf an sich«, ein Kampf ohne andere Ursache als den Spaß am Kampf, mit keinem anderen Ziel als der Festlegung des »besseren Mannes« ausgefochten werden. Hinzufügen muß ich, daß mir damals eine merkwürdige historische Vorstellung vorschwebte, eine Menschheitsgeschichte in Vorgängen massenhafter Art von bestimmter, eben historischer Bedeutung, eine Geschichte immer anderer, neuer Verhaltensarten, die da und dort auf dem Planeten gesichtet werden konnten.

In meinem Stück sollte diese pure Lust am Kampf gesichtet werden. Schon beim Entwurf merkte ich, daß es eigentümlich schwierig war, einen sinnvollen Kampf, d. h. nach meinen damaligen Ansichten, einen Kampf, der etwas bewies, herbeizuführen und aufrechtzuerhalten. Mehr und mehr wurde es ein Stück über die Schwierigkeit, einen solchen Kampf herbeizuführen. Die Hauptpersonen trafen diese und jene Maßnahme, um zu Griff zu

kommen. Sie wählten die Familie des einen Kämpfers zum Kampf-
platz, seinen Arbeitsplatz usw. usw. Auch der Besitz des andern
Kämpfers wurde »eingesetzt« (und damit bewegte ich mich, ohne
es zu wissen, sehr nahe an dem wirklichen Kampf, der vor sich ging
und den ich nur idealisierte, am Klassenkampf). Am Ende ent-
puppte sich tatsächlich der Kampf den Kämpfern als pures
Schattenboxen[2]; sie konnten auch als Feinde nicht zusammen-
kommen. Dämmerhaft zeichnete sich eine Erkenntnis ab: daß die
Kampfeslust im Spätkapitalismus nur noch eine wilde Verzerrung
der Lust am Wettkampf ist. Die Dialektik des Stückes ist rein
idealistischer Art.

Zugleich gab es damals einige anscheinend rein formale Wünsche. – Ich hatte in Berlin am damaligen Staatstheater am Gendar-
menmarkt Jessners Inszenierung von »Othello« mit Kortner und
Hofer gesehen, und ein technisches Element hatte mich beeindruckt, die Art der Beleuchtung. Durch gekreuzte Scheinwerfer
hatte Jessner ein eigentümlich zerstäubtes Licht auf der Bühne
erzeugt, das die Figuren mächtig hervortreten ließ: sie bewegten
sich im Licht wie die Figuren Rembrandts. – Weitere Eindrücke
kamen hinzu: die Lektüre von Rimbauds »Sommer in der Hölle«
und J. Jensens Chikagoroman »Das Rad«. Ferner die Lektüre einer
Briefsammlung, deren Titel ich vergessen habe; die Briefe hatten
einen kalten, endgültigen Ton, fast den eines Testaments. – Die
Einflüsse der Augsburger Vorstadt müssen wohl auch erwähnt
werden. Ich besuchte häufig den alljährlichen Herbstplärrer, einen
Schaubudenjahrmarkt auf dem »kleinen Exerzierplatz« mit der
Musik vieler Karusselle und Panoramen, die krude Bilder zeigten
wie »Die Erschießung des Anarchisten Ferrer zu Madrid« oder
»Nero betrachtet den Brand Roms« oder »Die Bayrischen Löwen
erstürmen die Düppeler Schanzen« oder »Flucht Karls des Kühnen
nach der Schlacht bei Murten«. Ich erinnere mich an das Pferd
Karls des Kühnen. Es hatte enorme, erschrockene Augen, als fühle
es die Schrecken der historischen Situation. – Ich schrieb das Stück
größtenteils im Freien, im Gehen. Vorbei an meinem väterlichen
Haus führte eine Kastanienallee entlang dem alten Stadtgraben;
auf der anderen Seite lief der Wall mit Resten der einstigen Stadt-
mauer. Schwäne schwammen in dem teichartigen Wasser. Die
Kastanien warfen ihr gelbes Laub ab. Das Papier, auf das ich

2 Boxer trainieren, indem sie ohne Partner, d.h. mit einem nur vorgestellten Partner, kämpfen.

schrieb, war dünnes Schreibmaschinenpapier, viermal gefaltet, daß es in mein ledernes Notatbuch paßte. Ich stellte Wortmischungen zusammen wie scharfe Getränke, ganze Szenen in sinnlich empfindbaren Wörtern bestimmter Stofflichkeit und Farbe. Kirschkern, Revolver, Hosentasche, Papiergott: Mischungen von der Art. – Selbstverständlich arbeitete ich gleichzeitig an der Fabel, an den Charakteren, an meinen Meinungen über menschliches Verhalten und seine Wirksamkeit, und vielleicht habe ich das Formale ein wenig übertrieben, aber ich wollte darlegen, was für ein komplexes Geschäft solch ein Schreiben ist und wie das eine in das andere eingeht, wie die Formung aus dem Stofflichen kommt und auf das Stoffliche zurückschlägt. Früher und später habe ich auf andere Weise und nach anderen Gesichtspunkten gearbeitet, und die Stücke waren dann auch einfacher und materialistischer, aber auch bei ihrer Formung ging viel eben Formales in den Stoff ein.

Mit der Bearbeitung von Marlowes »Leben Eduards des Zweiten von England«, die ich mit Lion Feuchtwanger zusammen unternahm, weil ich an den Münchener Kammerspielen eine Inszenierung zu machen hatte, kann ich heute nicht mehr viel anfangen. Wir wollten eine Aufführung ermöglichen, die mit der Shakespearetradition der deutschen Bühnen brechen sollte, jenem gipsig monumentalen Stil, der den Spießbürgern so teuer ist. Ich lasse sie ohne jede Änderung in Druck gehen. Die Erzählungsweise der elisabethanischen Stückeschreiber und die Anfänge einer neuen Bühnensprache[3] mögen den Leser interessieren.

An die Lektüre des Lustspiels »Mann ist Mann« machte ich mich mit besonderen Befürchtungen. Auch hier hatte ich wieder einen sozial negativen Helden, der nicht ohne Sympathie behandelt war. Das Problem des Stückes ist das falsche, schlechte Kollektiv (der »Bande«) und seine Verführungskraft, jenes Kollektiv, das in diesen Jahren Hitler und seine Geldgeber rekrutierten, das unbestimmte Verlangen der Kleinbürger nach dem geschichtlich reifen, echten sozialen Kollektiv der Arbeiter ausbeutend. Es lagen zwei Fassungen vor, die 1928 in der Berliner Volksbühne und die 1931 am Berliner Staatstheater gespielte. Wiederherzustellen, fand ich, war die erste Fassung, in der Galy Gay die Bergfestung Sir el Dchowr erobert. Ich hatte 1931 das Stück nach

---

3 Siehe »Versuche«, Heft 12: »Über reimlose Lyrik mit unregelmäßigen Rhythmen«.

dem großen Montageakt enden lassen, da ich keine Möglichkeit sah, dem Wachstum des Helden im Kollektiv einen negativen Charakter zu verleihen. So hatte ich lieber auf die Beschreibung des Wachstums verzichtet.

Bei einer gut verfremdenden Darstellung ist aber dieses Wachstum ins Verbrecherische durchaus zeigbar. Ich versuchte, sie durch ein paar Einfügungen in die letzte Szene zu erleichtern.

Man könnte angesichts der Thematik und Fragestellung dieser ersten Stücke sagen: Wozu darauf zurückkommen? Warum nicht da reinen Tisch machen? Warum nicht von heute reden? Aber der den großen Sprung machen will, muß einige Schritte zurückgehen. Das Heute geht gespeist durch das Gestern in das Morgen. Die Geschichte macht vielleicht einen reinen Tisch, aber sie scheut den leeren.

Alle fünf Stücke zusammen, vier davon Polemiken, eines eine Kopie, gierige Reminiszenz an eine glücklichere dramatische Ära, zeigen ohne Bedauern, wie die große Sintflut über die bürgerliche Welt hereinbricht. Erst ist da noch Land, aber schon mit Lachen, die zu Tümpeln und Sunden werden; dann ist nur noch das schwarze Wasser weithin, mit Inseln, die schnell zerbröckeln.

Herr Keuner und Freiübungen

Ein Freund erzählte Herrn Keuner, seine Gesundheit sei besser, seit er im Herbst im Garten alle Kirschen eines großen Baums gepflückt habe. Er sei bis ans Ende der Äste gekrochen, und die vielfältigen Bewegungen, das Um-sich-und-über-sich-Greifen müsse ihm gut getan haben.

»Haben Sie die Kirschen gegessen?« fragte Herr Keuner, und im Besitz einer bejahenden Antwort sagte er: »Das sind dann Leibesübungen, die ich auch mir gestatten würde.«

Anhang

Nachwort

Wesentlich bestimmt wird das Schicksal des Protagonisten Ulrich in Robert Musils Roman *Der Mann ohne Eigenschaften* durch eine »unglückliche Boxnacht«, die gleich zu Beginn des Romans beschrieben wird. Ihr folgen Reflexionen Ulrichs über die zeitgemäße Gewichtung körperlicher und geistiger Aufwendungen, die denen Bertolt Brechts nahe sind, und die deshalb als ein – etwas ausgedehntes – Motto am Beginn dieser Betrachtungen stehen sollen. Es heißt bei Musil:

> Sollte man einen großen Geist und einen Boxlandesmeister psychotechnisch analysieren, so würde in der Tat ihre Schlauheit, ihr Mut, ihre Genauigkeit und Kombinatorik sowie die Geschwindigkeit der Reaktionen auf dem Gebiet, das ihnen wichtig ist, wahrscheinlich die gleichen sein, ja sie würden sich in den Tugenden und Fähigkeiten, die ihren besonderen Erfolg ausmachen, voraussichtlich auch von einem berühmten Hürdenpferd nicht unterscheiden, denn man darf nicht unterschätzen, wieviele bedeutende Eigenschaften ins Spiel gesetzt werden, wenn man über eine Hecke springt. Nun haben aber noch dazu ein Pferd und ein Boxmeister vor einem großen Geist voraus, daß sich ihre Leistung und Bedeutung einwandfrei messen läßt und der Beste unter ihnen auch wirklich als der Beste erkannt wird, und auf diese Weise sind der Sport und die Sachlichkeit verdientermaßen an die Reihe gekommen, die veralteten Begriffe von Genie und menschlicher Größe zu verdrängen.[1]

Bertolt Brecht – daran besteht kein Zweifel – ist ein Boxer gewesen. Nicht daß es ihm an Mut gefehlt hätte, selbst in den Ring zu steigen, allein sein ausgeprägter Realitätssinn hielt ihn davon ab. Brecht war eher schmächtig und in der Zeit, in der er sein Faible für das Boxen literarisch zu kultivieren begann, mußte er sich in der Berliner »Charité« wegen bedrohlicher Unterernährung für meh-

---

1 Robert Musil: *Der Mann ohne Eigenschaften*. Reinbek 1981. S. 44; vgl. S. 25 f. u. S. 41 f. Die ersten größeren Teile des Romans stammen aus den späteren zwanziger Jahren; zu den hier genannten Kapiteln existieren Vorarbeiten wie »Theologie und Boxen« bzw. »Logiker und Boxer«; vgl. S. 1973 u. S. 1985-1994. – Vgl. auch Musils Text v. 1924: *Durch die Brille des Sports*. In: *Tagebücher, Aphorismen* […]. Hamburg 1955. S. 828.

rere Wochen in Behandlung begeben. Seine physische Konstitution war durch seinen – wie er es nannte – »Herzklappenklaps«[2] – zeitlebens stark beeinträchtigt. Alles in allem also schlechte Voraussetzungen für einen erfolgreichen Kraftmenschen oder Faustkämpfer. »Ich muß zugeben, daß ich die These, Körperkultur sei die Voraussetzung geistigen Schaffens, nicht für sehr glücklich halte. Es gibt wirklich, allen Turnlehrern zum Trotz, eine beachtliche Anzahl von Geistesprodukten, die von kränklichen oder zumindest körperlich stark verwahrlosten Leuten hervorgebracht wurden, von betrüblich anzusehenden menschlichen Wracks […]«, schreibt Brecht in *Sport und geistiges Schaffen*. Der Text ist einerseits Rechtfertigung persönlicher Trägheit, andererseits ist er die Antwort auf seinen Literatenkollegen Frank Thieß, der unter dem Titel *Dichter sollten boxen* in der Berliner Zeitschrift *Uhu* Anfang 1926 mehr sportliches Engagement von den Geistesmenschen gefordert und propagiert hat.

Dichter boxen

Es gibt in unserem Jahrhundert aber illustre Literaten, die körperlich auf der Höhe waren und selbst Boxhandschuhe anzogen. Der merkwürdigste ist vielleicht Arthur Cravan. Der in der Schweiz im Jahre 1887 geborene Neffe von Oscar Wilde und spätere Pariser Szeneliterat, der sich in jungen Jahren in den USA durchboxte, schaffte es sogar mit allerlei Tricks und einer gehörigen Portion Courage, am 10. Juli 1916 in Barcelona gegen den langjährigen Schwergewichtsweltmeister Jack Johnson anzutreten. Johnson – der sich nach seiner texanischen Herkunft »The Galvestone Giant« nannte – verschwendete keine Zeit: Cravan ging gleich zu Beginn der ersten Runde zu Boden. Er eröffnete später in Mexico eine Boxakademie und ertrank 1920 bei einer Bootsfahrt entlang der mexikanischen Küste.[3] – Auch Ernest Hemingway war ein

2 Vgl. das Gedicht von 1921 *Balaam Lai in seinem dreißigsten Jahr*. In: Bertolt Brecht: *Werke. Große kommentierte Berliner und Frankfurter Ausgabe.* Band 13 (Gedichte 3). Frankfurt am Main: Suhrkamp Verlag 1993. S. 212 f. [im folgenden zitiert als: GBA mit Band- und Seitenzahl].

3 Vgl. Arthur Cravan: *Der Boxer-Poet oder Die Seele im zwanzigsten Jahrhundert.* Aus dem Französischen übers. v. Pierre Gallissaires u. Hanna Mittelstädt. Hamburg: Edition Nautilus ²1991. (Auch diese zweite, erweiterte Auflage ist zumindest in all den Punkten, die sich mit biographischen Details auseinandersetzen, ungenau.)

leidenschaftlicher »pugilist«, und nach einer seiner short-stories wurde 1946 ein erfolgreicher Boxerfilm gedreht, *The Killers* mit Burt Lancaster.[4] Daß Miles Davis geboxt hat und sein Pianist Red Garland sogar Schwergewichtsprofi war, mag einen wundern. Viel Interessantes kann man in den hervorragenden Boxreportagen von Norman Mailer[5] nachlesen – es führte zu weit weg, all dem nachzugehen.[6] Jedenfalls: Bertolt Brechts Boxkämpfe finden erst in seinem Kopf und bald darauf in seinen Texten statt.

Eine um 1920 flüchtig ins Notizheft geschriebene Skizze zu einer geplanten »Komödie«, die Brecht mit dem Namen der Hauptfigur *Kaisch* überschreibt, enthält folgende kurze Textpassage: »Komödie vom Impotenten, der feist wie der Hofmeister, kahl, schwarz ist. Schullehrer. Wälder draußen, Tannenholz, Papier. Die zwei Weiber, der Schwager. Die Männer boxen im Salatgarten; dem Schwager werden die Eier eingetreten. Inzwischen vögeln die Weiber in der Kammer. Schlußtableau: Abendessen. Alle bis auf den Kaisch, der frißt: keinen Appetit.« Es ist nicht auszumachen, zu welchem Stück dieser Entwurf hätte ausgearbeitet werden sollen, doch zeigt diese Szene eindeutig Brechts Vorstellung in jener Zeit, an welchem Ort Männer und Frauen den ihnen adäquaten Beschäftigungen nachzugehen hätten: Männer – da ist Brecht sicher – müssen immer boxen. Auch ein früher Einakter, den Brecht *Prärie. Oper nach Hamsun* nennt, enthält als männliche Handlungsanweisung zur kurzfristigen Problemlösung: »Ihr müßt tüchtig boxen!«. Der schmächtige Brecht spielt gern den starken Mann und läßt sich schon als Halbwüchsiger in Leder mit dicker Zigarre

---

4 Vgl. die sehr materialreiche Untersuchung zu den verschiedensten Sportarten und ihrer filmischen Verarbeitung: *Sports Films. A Complete Reference*. Compiled by Zucker/Babich, Jefferson and London: McFarland 1982.

5 Vgl. sein biographisches Werk über Muhammad Ali oder die Erzählung *Die schönste Zeit des Lebens*, darin einen wunderbaren Boxkampf.

6 Aus diesem Grunde müssen Beispiele wie etwa die deutsche Übersetzung von Leonard Gardners Roman *Fat City* (Reinbek: Rowohlt 1991, zuerst 1969) genauso wegfallen wie die für eine größer angelegte Studie zu diesem Thema unausweichlichen Arbeiten von Literaten wie: Karl Kraus, Ödön von Horváth, Marieluise Fleißer, Heinrich Mann, Robert Musil und vielen anderen. – Wichtige Anregungen habe ich von Joyce Carol Oates: *Über Boxen*. Zürich: Manesse 1987. Der französische Philosophiehistoriker Alexis Philonenko hat eine *Histoire de la Boxe* vorgelegt, Paris: Criterion 1991. – Ausgelassen werden müssen u. a. auch die Hinweise zu Heinrich Mann und seinem Boxerroman *Die große Sache*, oder Brechts Verhältnis zu George Bernard Shaw, der ein großer Box-Freund und Freund von Boxern gewesen ist und dessen Boxerroman *Cashel Byron's Profession* er früh kannte.

fotografieren. Er empfiehlt in seinen Gedichten allen befreundeten »V. R.« (d. h. Virginienrauchern) als standesgemäße Zerstreuung, in »das Venenbad des Boxkampfs« einzutauchen oder »die große antikische Kunst des Films« zu konsumieren.[7] Wann immer möglich: man schreibt das Jahr 1922, und das Kino tritt gerade seinen Siegeszug aus den großen Städten in die Provinzen an. Brechts liebster Stützpunkt dieser Jahre ist die Augsburger Dachkammer im Haus der Eltern, wo er aufwuchs und wohin er immer wieder zurückkehrt. Sein Leben scheint abwechslungsreich: »Man rauchte, las Zeitung, trank Kognak, schlief, schiß«, und er rüstet sich für die bevorstehenden Kämpfe.[8]

Was fasziniert den jungen Schriftsteller der Weimarer Republik so sehr am Boxen, daß er Konflikte schon in seinen frühen Stücken als unmittelbaren Kampf, als direkten Zweikampf gestaltet? Was bedeutet dieses Motiv des Kampfes für ihn? Beginnen muß man in Augsburg, wo Eugen Berthold Friedrich Brecht 1898 geboren wurde und wo er die ersten 25 Jahre seines Lebens verbrachte. Ein begabter Schüler, doch vom wilhelminischen Realgymnasium tendenziell unterfordert, ist er sich seiner Sache von frühester Jugend an sicher: er will ein großer Dichter werden, besser als die alten und mit mehr Erfolg und auch nicht immer in Augsburg, komme was wolle.[9] Was dann zunächst kommt, ist der erste Weltkrieg, und mit ihm geht der letzte deutsche Kaiser. Vom Krieg bleibt er wegen des »Herzklappenklaps« verschont, er ist »nicht k. v.«, d. h. nicht kriegsverwendungsfähig. Statt in den Krieg zu ziehen, wie z. B. sein Freund Caspar Neher, lungert er ein paar Semester an der Münchner Universität herum, verführt einige Bürgertöchter, zeugt

7 Vgl. *Gesänge vom VR* (im vorliegenden Band, S. 29). Es ist sehr wahrscheinlich, daß Brecht hier ganz direkt auf die in Mode gekommenen Boxfilme anspielt, die in den Kinos gezeigt werden. Die *Augsburger Rundschau* meldet z. B. am 6. November 1920, daß »der sensationelle deutsch-dänische Boxkampf zwischen Breitensträter (Magdeburg) und Eckeroth (Kopenhagen)« im Augsburger Kino »Lu-Li« eine Woche lang jeden Abend gespielt würde (Hinweis von Werner Hecht).

8 Vgl. das Gedicht *An meiner Wiege*, GBA 13,242. Brecht schickt das Gedicht als Zustandsbericht im Oktober 1922 an seinen Freund Arnolt Bronnen.

9 Vgl. Bertolt Brecht: *Tagebuch No 10. 1913*. Hg. v. Siegfried Unseld. Transkription der Handschrift und Anmerkungen v. Günter Berg u. Wolfgang Jeske. Frankfurt a. M. 1989. Dieses erste überlieferte Tagebuch (geführt vom 15. Mai bis zum 25. Dezember 1913) ist insofern erstaunlich, als es ca. 80 Gedichte und einige Dramenentwürfe enthält (bis auf eine Ausnahme vorher unpubliziert) und die täglichen Anstrengungen zeigt, die der gerade 15jährige Schüler unternimmt, ein Dichter zu werden; zu beachten ist auch die motivische Dominanz des Kampfs.

seinen ersten Sohn und fällt allen, von denen er glaubt, sie könnten ihm wichtig sein, mit seinen Texten auf die Nerven: Brecht ist überzeugt, daß seine Arbeit etwas taugt, und jetzt muß er darum kämpfen, daß sie erfolgreich wird. Erfolg, das ist vor allem eine klar quantifizierbare Größe, die sich in Mark und Pfennig niederschlägt; der arme Poet ist nie sein Ideal gewesen. Er schätzt das Geld, weil er es braucht, denn er will seinen Sohn ernähren und seine Frau, die man ihn nicht heiraten läßt (was er versteht, denn was soll man mit einem Literaten anfangen, der seinem Vater auf der Tasche liegt). Brecht muß boxen lernen.[10]

Obwohl er in seiner Mansarde bis zur Erschöpfung arbeitet, ein Projekt nach dem anderen entwirft, um es im nächsten Moment wieder zu verwerfen, ist sein emotionales Grundmuster das Gelangweiltsein. Typisch und in der Tradition der jungen Deutschlandflüchtlinge Georg Büchner und Heinrich Heine schreibt der Zweiundzwanzigjährige ins Tagebuch: »Wie mich dieses Deutschland langweilt. [...] Ein verkommener Bauernstand, [...] ein verfetteter Mittelstand und eine matte Intellektuelle! Bleibt: Amerika«.[11] Und sein berühmt gewordenes Jugendgedicht *Deutschland, du Blondes, Bleiches* endet: »Und in den Jungen, die du / Nicht verdorben hast / Erwacht Amerika!«[12] Zweifellos verbindet der Student damit keinen konkreten geographischen Ort. »Amerika«, das ist das ganz andere! Amerika ist das Land, in dem jeder die Chance hat, Erfolg zu haben, wenn er nur tüchtig ist und kämpft. »Öl und Eisen und Gold gab es mehr als Wasser [...] In den ewigen Prärien aus Stein«.[13] Es muß einen nicht wundern, denn was von jenseits des atlantischen Meeres in die junge deutsche Republik – manches vielleicht sogar nach Augsburg – lockend herüberschwappte, war tatsächlich bunter als die Tristesse des vom Krieg arg mitgenommenen Deutschland. In den schnapstrunkenen Gedichten und exotischen Geschichten dieser Zeit spiegelt

---

10 Die Kenntnisse der frühen Liebes- und Beziehungsabenteuer Brechts wurden in den letzten Jahren durch zwei Briefe-Ausgaben sehr eindrücklich vermehrt: Bertolt Brecht. *Briefe an Marianne Zoff und Hanne Hiob.* Frankfurt a. M.: Suhrkamp Verlag 1990. Und: Bertolt Brecht. *Liebste Bi.* Briefe an Paula Banholzer. Frankfurt a. M.: Suhrkamp Verlag 1992.

11 Bertolt Brecht: *Tagebücher 1920-1922. Autobiographische Aufzeichnungen 1920-1954.* Frankfurt a. M.: Suhrkamp Verlag 1975, S. 11.

12 Brecht notiert das Gedicht Mitte 1920 in sein Notizbuch, vgl. GBA 13,171f.

13 *Anne Smith erzählt die Eroberung Amerikas.* GBA 13,286f.; vgl. auch das Gedicht *Verschollener Ruhm der Riesenstadt New York.* GBA 11,243-250.

sich der Frust des jungen Zivilisationsflüchtlings, der nur eins will: raus aus der Kleinstadt und aller Welt zeigen, was er kann.[14]

Berlin – Beginn der Karriere

Amateure bekommen Preise, Profis verdienen Geld. Das ist überall dasselbe, und als man dem jungen Augsburger im November 1922 für *Trommeln in der Nacht*, *Baal* und *Im Dickicht* den Kleist-Preis verleiht, da wechselt er ins Profilager. Seine Visionen vom fernen Amerika verdichten sich jetzt ganz deutlich auf ein nicht ganz so fernes Ziel: Berlin. Die Hauptstadt mausert sich nach dem Krieg zu einer europäischen Kulturmetropole ersten Ranges. Auf mehreren Exkursionen[15] hatte Brecht seine Erfolgschancen als Literat und Theatermann gründlich sondiert und Ende 1924 läßt er Augsburg und München endgültig hinter sich. In Berlin fühlte sich Brecht in den ersten Monaten überhaupt nicht zu Hause, aber doch am richtigen Platz. Alle Welt war schließlich hier versammelt. Von früh bis in die Nacht zieht er durch die Cafés, die Redaktionsstuben der wichtigsten Zeitungen und Verlage und natürlich durch die Theater, die zu erobern er hierhergekommen war. Berlin erscheint vor ihm wie eine der Schatzinseln aus seinen Geschichten.[16] Glanz und Gloria der Hohenzollern hatten den bunten Neonröhren der Leuchtreklamen weichen müssen, und rasch entwickeln sich in diesem Klima die typischen Ausdrucksformen der neuen Zeit: Kino, Radio, Jazz, Magazine und Reklame. Berlin wird zum Schlaraffenland einer Zerstreuungsgesellschaft, die nichts mehr

14 Seine Phantasien von den exotischen Fernen verdichten sich für Brecht zu seinem ersten literarischen Erfolg: im September 1921 erscheint im *Neuen Merkur* (Jg. 5. Heft 6. S. 394-407), München, seine Seeräuber- oder »Flibustier«-Geschichte *Bargan läßt es sein*. In Berlin, so schreibt Brecht in einem Brief an Paula Banholzer im Dezember 1921, »kriege ich viele Verbindungen, die Leute kennen alle die Novelle im ›Merkur‹ und reden einiges davon und wollen mir alle noch behilflich sein«.

15 Brecht unternahm vor seiner Umsiedelung mehrere Reisen nach Berlin, vom 20. Februar bis zum 13. März 1920, vom 7. November 1921 bis 26. April 1922, vom 8. Oktober bis 13. Oktober 1922, von 13. November bis 20. Dezember 1922, von Ende Februar bis Ende März 1923, und die endgültige Reise beginnt er am 30. März 1924.

16 »Ich sitze wie auf einer Insel. [...] mitten in dem ungeheuren Häuserhaufen, dem Tohuwabohu der Autos, Bahnen, Theater« (Brief an Paula Banholzer, 29. Februar 1920). »Ich lebe wie auf einer Insel« (Brief an Paula Banholzer, 3. März 1920). Vgl. Anm. 10.

verabscheut als die Langeweile: Man lebt. Wer etwas auf sich hält, raucht Chesterfield und trinkt Whisky, bestaunt die 32 Beine der »Original-Tiller-Girls« und andere Amerikaimporte in den neuen Revuetheatern mit ihren aufwendigen Produktionen. »Die Sünden der Welt« oder »Berlin ohne Hemd« sind Nachahmungen bewährter Unterhaltungsshows, etwa der legendären Pariser Folies Bergère. – Berlin war zwar nicht Paris und schon gar nicht New York, doch genau wie dort zog es die Massen zu den Stars, den verruchten Vamps in luxuriösen Kostümen. Ein grandioses Theater in Bildern ohne Sprache, aufgeführt vor kleinen Angestellten und Sekretärinnen, die sich die ersten erhältlichen Seidenstrümpfe – lange vor den Nylons – buchstäblich vom Munde abgespart hatten. Es ist die Zeit der Abschaffung des Korsetts und des steifen Stehkragens. Die von moralischen Schranken befreiten Revuen und Varietés präsentieren die nackten Körper schöner Frauen inmitten wahrer Weiberfleischorgien (man kennt heute noch La Jana oder Anita Berber). Berlin in den zwanziger Jahren kannte nur einen Gott und ein Gesetz: das Geschäft und seine höchstmögliche Rentabilität. In diesem Ambiente entwickelt auch der Boxkampf seinen unwiderstehlichen Reiz als Massenvergnügung.

Das magische Quadrat der Männlichkeit

1919 ist das entscheidende Jahr für den Boxsport in Deutschland: Es werden der »Verband deutscher Faustkämpfer« (Berufsboxer) und der »Deutsche Reichsverband für Amateurboxen« gegründet; Otto Flint gewinnt im selben Jahr gegen Metz die erste offizielle deutsche Schwergewichtsmeisterschaft. Am 18. Februar 1919 wird im Berliner Sportpalast der erste Profiboxkampf ausgetragen; Richard Naujoks gegen Gustav Völkel (k.o in der 7. Runde). Boxen wird rasend schnell populär, und die sogenannten Großkampftage im Berliner Sportpalast sind die gesellschaftlichen Ereignisse überhaupt. Das wichtigste Organ für alle neuen kulturellen Strömungen – und nicht zu unterschätzende Quelle für Brecht – ist *Der Querschnitt*, den der Berliner Galerist und Verleger Alfred Flechtheim zunächst als »Magazin für Kunst, Literatur und Boxsport« ab 1921 herausgibt.[17] Es heißt dort in einer der

---

17 Alfred Flechtheim (1878-1937) entstammt einer jüdischen Kaufmannsfamilie (Getreidehandel) in Düsseldorf. Wenig geneigt, die väterlichen Geschäfte zu führen, wird er durch eine von ihm organisierte Picasso-Ausstellung in München

ersten Nummern: »*Der Querschnitt* hält es für seine Pflicht, den Boxsport auch in den deutschen Künstlerkreisen populär zu machen. In Paris sind Braque, Derain, Dufy, Matisse, Picasso, de Vlaminck begeisterte Anhänger, und Rodin fehlt bei kaum einem Kampf.«[18] Die Zeitschrift propagiert Boxen als Ästhetik, als eigene Kunstform. Der Boxer erscheint als Inbegriff des modernen Mannes: rational, selbstbeherrscht, völlig auf sich gestellt, mutig, stark und erotisch höchst attraktiv. Er ist Kämpfer und Tänzer in einem. Der Boxring wird zum letzten rein maskulinen Refugium in bürgerlicher Zeit stilisiert, das magische Quadrat der Männlichkeit. – Um an diesem Image zu partizipieren, zieht es die Männer scharenweise in die Boxstudios, und sicher hatte es seinen Sinn, wenn die Fa. Groß & Co. in Charlottenburg in Zeitungsannoncen vor minderwertigen Nachahmungen ihrer »Aluminium Unterleibsschützer« und »Ohrenschützer zum Training« warnte.[19] Vom Boxfieber erfaßt werden auch Maler wie George Grosz, und auch der Schauspieler und Regisseur Fritz Kortner läßt sich von Max Schmeling trainieren.[20] Es erstaunt vermutlich, daß

1911 über Nacht bekannt. 1913 gründete er eine eigene Galerie in Düsseldorf, die zahlreiche Kataloge veröffentlichte. – Der *Querschnitt* erscheint bis 1936, wird dann von den Nazis verboten.

18 Vgl. *Der Querschnitt*. Zeitschrift für Kunst und Boxsport. Hg. v. Alfred Flechtheim (u.a.). Berlin. Jahrgang 1. 1921. S. 221. Der Untertitel ändert sich mehrmals. Zunächst erscheint die Monatszeitschrift bei Ullstein, später bei Kurt Wolff. – Die Zeitschrift veranlaßt einige Boxer, über ihr eigenes Selbstverständnis und die Ästhetik des Boxsports in dieser Zeit zu schreiben; so etwa den Franzosen Georges Carpentier: *Die Psychologie des Boxens. Geistige Konzentration.* Jg. 6. 1926. S. 383 f.

19 Z. B. in: *Der Box-Sport*. Amtliches Organ des Verbandes Deutscher Faustkämpfer […]. Jg. 1 ff. Berlin 1920 ff. 6. März 1924.

20 Vgl. dazu Max Schmeling: *Mein Leben – Meine Kämpfe*. Leipzig / Zürich: Grethlein & Co. 1930. Und ders.: *Erinnerungen*. Frankfurt a.M./Berlin: Ullstein 1977. Kortner selbst schreibt in seiner Autobiographie *Aller Tage Abend*, München: dtv 1969, Kapitel XXI: »Ich lernte Boxen. Törichterweise versprach ich mir etwas davon, fachgerecht zuschlagen zu können. Manchen Abend verbrachte ich im Sportpalast. Brecht, [Erich] Engel, [Rudolf] Forster, [Ernst] Deutsch, [Hans] Albers saßen ebenfalls um den Ring herum. […] Von der sportlichen Faszination abgesehen, fesselte mich der Zweikampf als Drama. Die Ausdrucksskala in Gesicht, Augen und Körper des Boxers war für mich eine erregende und anregende Lehrstunde. Wenn das scharfe Auge des Boxers ins Glotzen gerät, das Gesicht blaß, die Ohren rot, der Atem hastig, die vorher federnden Beine weich wurden, täuschte mich nicht der Unbekümmertheit vortäuschende Grinsversuch des schwer Getroffenen, des um Karriere, Ruhm, Börse, Zeitungslob oder nur Lebensunterhalt kämpfenden Mannes im Ring. Ich

Marlene Dietrich, Vicki Baum[21] und die mit Brecht eng befreundete Schauspielerin Carola Neher sich in dem in Künstlerkreisen bekannten Trainingslokal des Türken Sabri Mahir einfinden. Brecht geht dieser Einbruch von verheirateten Frauen in die Welt der Athleten einen Schritt zu weit, er vermutet den Sport sogar in einer Krise. »Ich weiß sehr gut, warum die Damen der Gesellschaft heute Sport treiben: weil ihre Männer in ihrem erotischen Interesse nachgelassen haben. Ohne diesen Damen besonders wohl zu wollen – je mehr sie Sport treiben, desto mehr werden diese Herren nachlassen« (vgl. *Die Krise des Sportes*). Es kommt soweit, daß die beiden größten Berliner Zeitungen *BZ am Mittag* und *Berliner Morgenpost* »Volksboxsportkurse« durchführen lassen, mit denen die Teilnehmer auf die harte Wirklichkeit des Lebens besser vorbereitet würden. Brechts Kommentar ist unmißverständlich: »Boxen zu dem Zweck, den Stuhlgang zu heben, ist kein Sport.« (Vgl. *Die Todfeinde des Sportes*.)

Brecht und Paul Samson-Körner

Vermittelt durch den Medizinstudenten Emil Burri[22], den Brecht schon in München bei seinem ersten Promoter Lion Feuchtwanger kennengelernt hat, macht er die Bekanntschaft des deutschen

war angetan von diesem lebens- und zeitnahen Ausdruck. Hier wurde, oft nur Minuten während, komprimiert, die Härte des Lebenskampfes demonstriert. Dem jungen Brecht erschien es wie ein Lehrspiel, mir wie ein neuer Impuls fürs Theater.« Kortner, jüdischer Abstammung, spielt zusammen mit dem jungen, blonden und die Zeitumstände nutzenden Hans Albers in einem von Zuckmayer übersetzten amerikanischen Stück mit dem Titel *Die Rivalen*; es muß abgesetzt werden, nachdem die beiden sich einen sehr realen Boxkampf leisten, über den die *Berliner Zeitung am Mittag* breit berichtet.

21 Vgl. die Autobiographie Vicki Baums: *Es war alles ganz anders*. München: List 1987. S. 366-370; vgl. vor S. 203 ein Foto mit Vicki Baum am Punchingball.

22 Emil Hesse-Burri, später Emil Burri studiert Medizin, avanciert zum Schriftsteller und Theaterautor. Briefe Brechts an ihn sind aus der Zeit von 1927 bis 1953 erhalten. Burri gehört zu den lebenslangen Freunden Brechts. Bernhard Reich (*Im Wettlauf mit der Zeit*. Berlin: Henschelverlag 1970. S. 282) erinnert sich an Burri: »Brecht rühmte ihn als einen sehr talentierten Schriftsteller neuen Schlages. [...] Burri war Spezialist im Sportwesen. Ich erinnere mich, daß er während einer Unterhaltung über Sport plastisch die Gangart eines Boxers beschrieb. Brecht fragte: ›Wie ist das?‹ Burri wiederholte ihn. Brecht setzte sich an die Schreibmaschine und tippte. Später fand sich diese Beschreibung in *Mann ist Mann* wieder.« Vgl. die Überarbeitung von *Mann ist Mann* [Fassung 1938], Szene 8, GBA 2. S. 200.

Schwergewichtsmeisters Paul Samson-Körner. Burri ist selbst ein ambitionierter Schriftsteller, daneben Sparringspartner und Ringbetreuer von Boxprofis wie Hans Breitensträter, Franz Diener und Ludwig Haymann. Brecht und Burri arbeiten häufig zusammen und besuchen mit Freunden aus der Theater- und Kunstszene regelmäßig Boxveranstaltungen. Genauso, wie es einige Jahre später Ulrich, Musils *Mann ohne Eigenschaften*[23], tun wird, bringt Brecht in seiner Berliner Wohnung einen Boxball an: »Vor einiger Zeit habe ich mir einen Punchingball gekauft, hauptsächlich weil er, über einer nervenzerrüttenden Whiskyflasche hängend, sehr hübsch aussieht und meinen Besuchern Gelegenheit gibt, meine Neigung zu exotischen Dingen zu bekritteln, und weil er sie zugleich hindert, mit mir über meine Stücke zu sprechen. Ich habe nun gemerkt, daß ich immer, wenn ich (nach meiner Ansicht) gut gearbeitet habe (übrigens auch nach Lektüre von Kritiken), diesem Punchingball einige launige Stöße versetze, während ich in Zeiten der Faulheit und des körperlichen Verfalls gar nicht daran denke, mich durch anständiges Training zu bessern.« (Vgl. *Sport und geistiges Schaffen.*) Max Schmeling erinnert sich, er habe einen jungen Mann häufig in der Begleitung des Boxers Paul Samson-Körner in den einschlägigen Lokalen von Aenne Maenz oder bei »Schlichter« gesehen: »Er stand meist, mit einer kragenlosen, glänzenden Lederjacke, ein wenig im Schatten des massigen Schwergewichtlers, still, ein paar ausgefranste Haarsträhnen in die Stirn gekämmt und mit listig-bösen Augen durch seine Nickelbrille blickend.«[24] Der proletarisch hergerichtete Jüngling ist natürlich Bertolt Brecht. Sich im Ring den Schädel einschlagen zu lassen, ist – aus den genannten Gründen – seine Sache nie gewesen, wohl aber böse und gefährlich zu erscheinen. An dem Image, ein ernstzunehmender Gegner zu sein, daran arbeitet Brecht in dieser Zeit Tag und Nacht. Schnapsflasche, Punchingball, Lederjacke und Zigarre sind die unverzichtbaren Requisiten seiner Inszenierung; es waren Requisiten im ursprünglichen Sinn: Brecht trank fast nie Alkohol.

23 »[…] und als er, sein angrenzendes Arbeitszimmer durchschreitend, an einem
    Boxball, der dort hing, vorbeikam, gab er diesem einen schnellen und heftigen
    Schlag«, schreibt Robert Musil; vgl. *Der Mann ohne Eigenschaften*. Reinbek:
    Rowohlt 1981. S. 13. Der Roman weist für dieses Thema – der Geistesmensch
    und das Boxen – wichtige Motive und Tatsachen auf.
24 Max Schmeling: *Erinnerungen*. Frankfurt a. M., Berlin: Ullstein 1977. S. 140.

Für *Scherl's Magazin* schreibt er »die lehrreiche Geschichte vom Untergang Freddy Meinkes« mit dem Titel *Der Kinnhaken*. Freddy – der Friedrich heißt, aber ein »halbes Jahr drüben war« – bekommt in einer Kneipe kurz vor seinem Kampf größte Lust auf ein Glas Bier. Vernünftig genug, diesen Wunsch zu unterdrücken und doch nicht Manns genug, mit diesem Triebverzicht so einfach fertig zu werden, steigt er in den Ring. Im Kopf hat er nichts als das versäumte Glas Bier, und so endet der Kampf in der zweiten Runde mit Freddys Niedergang. Warum verliert Freddy Meinke, und was hätte er denn tun sollen? Brecht empfiehlt im *Kinnhaken*: »Ein Mann soll immer das tun, wozu er Lust hat. Nach meiner Ansicht. Wissen Sie, Vorsicht ist die Mutter des k. o.« Die in diesem Sport wie im Leben unvermeidlichen Niederlagen haben den jungen Boxfan zu einem literarischen Experiment herausgefordert, das erst aus seinem Nachlaß ediert wurde. Obwohl es in der deutschen Literatur nichts Vergleichbares gibt, wurde dieser Versuch bislang von der Literaturwissenschaft nicht wahrgenommen. Es handelt sich – Vae victis! – um eine Knock-out-Schilderung in Hexameterversen (vgl. *Alsbald verließ auch sein Aug*).

Durch ihr häufiges Zusammensein freunden sich Brecht und der Boxer Paul Samson-Körner an. »Samson-Körner ist ein großartiger und bedeutsamer Typus«, sagt Brecht in einem Interview Mitte 1926. »Ich wollte ihn für mich festhalten. Die einfachste Methode war, mir von ihm sein Leben erzählen zu lassen. Ich halte allerhand von der Wirklichkeit. Allerdings sind solche Wirklichkeiten wie Samson-Körner an den Fingern herzuzählen: Glücksfälle. Was mir bei Samson-Körner zuerst auffiel, war, daß er nach einem ganz nichtdeutschen sportlichen Prinzip zu boxen schien. Er boxte sachlich. Das hat einen großen plastischen Charme.«[25] Es bleibt selbst für Eingeweihte dunkel, was Brecht damit gemeint haben könnte, doch ist er von diesem Charme des Boxprofis offenbar so

25 Interview Bernard Guillemins mit Brecht in der *Literarischen Welt*, Berlin, am 30. Juli 1926; zitiert nach *Brecht im Gespräch*. Diskussionen, Dialoge, Interviews. Hg. v. Werner Hecht. Frankfurt a. M.: Suhrkamp 1975. S. 187-190. – Max Schmeling definierte Samson-Körners Kampfstil als »amerikanisch, zweckmäßig, unaufwendig und ohne Effekthascherei«. Vgl. Schmeling. *Erinnerungen*. S. 87. – Siegfried Kracauer reagierte auf dieses Interview in *Die kleinen Ladenmädchen gehen ins Kino* (in: *Ornament der Masse*. Frankfurt a. M.: Suhrkamp 1977. S. 281). Kracauer, Feuilletonist der *Frankfurter Zeitung* und kultureller Seismograph der Weimarer Republik, beginnt 1929 seine Reportageserie *Die Angestellten*.

beeindruckt, daß im weiteren Verlauf des Jahres 1926 der Plan entsteht, die Lebensgeschichte des Boxers aufzuschreiben und in der Sportzeitschrift *Die Arena* als Serie zu veröffentlichen.

Brecht interviewt Samson-Körner bei ihren häufigen Treffen und macht daraus die Geschichte von »Paule aus Zwickau«, der früh von zu Hause abhaut und auf seinem Weg als Schiffsmatrose durch die Schnapsbudiken dieser Welt andauernd auf die Schnauze fällt und wieder aufstehen lernt: »Als ich zum ersten Mal boxen sah, war es in einer Boxbude in Cardiff, auf dem Rummelplatz. Es gab dort überall solche Buden, in denen drei Runden geboxt wurde, und man konnte selber auch boxen. Sie forderten das Publikum auf, herzukommen und den Champion auf den Boden zu bringen, wenn es könne. Das Zusehen kostete dann 20 Pence. Ich wollte selbstverständlich nicht extra bezahlen, wenn es auch anders ginge. Ich dachte gleich: das kann ich auch. Ich war fünfzehn Jahre. Ich kriegte mächtig Keile.« Paule verdingt sich als Kirmesboxer und stößt auf dem Weg nach Amerika irgendwann auf den »Neger Kongo«, einen ausgemachten Quartalssäufer, der sein Leben ausschließlich in Phasen des Rauschs oder der – wenig geliebten – Nüchternheit einteilt und der ihm erklärt, wie Boxen wirklich funktioniert.

Genau das erfährt der Leser der Brechtschen Verarbeitung aber nicht, denn das Projekt des *Lebenslaufs* bleibt stecken. Es werden ab Ende 1926 in der *Arena* zwar vier Folgen abgedruckt, dazu der Plan des Fortgangs der Erzählung, doch dann stoppt die Sportzeitschrift die Fortsetzungsgeschichte und Brecht hört auf zu schreiben.[26] Wer die Boxzeitschriften dieser Jahre genau durchsieht und die Geschichte von Samson von ihrem Beginn verfolgt, findet heraus warum: Offensichtlich ist Paul Samson-Körner nach einigen Jahren in den USA im Sommer 1922 nach Deutschland zurückgekommen. Der *Boxsport* meldet am 10. August 1923, daß Samson-Körner den amtierenden deutschen Meister im Schwergewicht Hans Breitensträter zur Verteidigung seines Titels herausgefordert hätte. Körner ist zu diesem Zeitpunkt vermutlich schon

---

26 *Der Lebenslauf des Boxers Samson Körner. Erzählt von ihm selber, aufgeschrieben von Bert Brecht*. Mit Zeichnungen von Otto Schmalhausen. In: *Die Arena. Das Sportmagazin*. Berlin. Oktober 1926 (Heft 1) – Januar 1927 (Heft 4); auch in: *Die unwürdige Greisin*. S. 48-71. Die Titelblätter der Zeitschrift wurden von John Heartfield gestaltet. – Bereits am 28. Februar 1924 veröffentlicht die Zeitschrift *Boxsport* (Nr. 178) Arthur Bülows Kurzbiographie von Paul Samson-Körner (*Ein kurzer Überblick über Paul Samson-Körner*).

über 35 Jahre alt. Ende September 1923 nimmt er sich – quasi als warming-up – den Mailänder Guiseppe Spalla vor, der »aus dem Munde blutend, mit stark geschwollenem rechten Auge« nach der fünften Runde aufgeben muß, während sich Paul Samson-Körner »ohne jede Beschädigung und absolut frisch« in seine Ecke zurückzieht. Jedenfalls: in den Folgemonaten bezwingt Paul Samson-Körner den Mainzer Schmitz und noch ein paar andere, bis er endlich – am 29. Februar 1924 – gegen Hans Breitensträter im Berliner Sportpalast-Ring antritt.[27] Das ganze Spektakel dauert nur wenige Minuten. Bereits in der zweiten Runde schwer angeschlagen, geht Breitensträter in der dritten zu Boden, und Samson ist deutscher Schwergewichtsmeister – als Brecht ihn kennenlernt. Die lange erwartete Revanche Samson gegen Breitensträter wird auf den 14. Juni 1925 in Hamburg angesetzt, wegen einer Handverletzung Samsons jedoch nicht ausgetragen. Erst im September 1925 – nun wieder in Berlin – kommt es zum Rückkampf, den Paul Samson-Körner verliert. Im Grunde ist damit seine Karriere als aktiver Boxer bereits vorüber; daß er am 25. Januar 1927 in der Dortmunder Westfalenhalle von Rudi Wagener geschlagen wird und die Presse nun ganz offen und gnadenlos das Ende der Karriere des Altmeisters annonciert, erklärt den Abbruch von Brechts *Lebenslauf*: Im Januar-Heft des Jahres 1927 erscheint die vierte und letzte Folge der Monographie in *Die Arena*. – Ein interessantes Detail ist, daß der Komponist Kurt Weill, den Brecht wenige Wochen später kennenlernt und mit dem zusammen er in den beiden darauffolgenden Jahren die Oper *Aufstieg und Fall der Stadt Mahagonny* und die *Dreigroschenoper* schreibt, zu diesem Zeitpunkt und über genau diese Box-Ereignisse eine sehr gut informierte Reportage für die WERAG (Westdeutsche Rundfunk AG) verfaßt.[28] Möglicherweise hat ihre gemeinsame und sachverständige Leidenschaft für den Boxsport die beiden sogar zusammengebracht. – Was aus »Paule« geworden ist? Fortan zehrt er noch eine Weile von seiner Publizität, gibt gelegentlich den Startschuß beim Berliner Sechstagerennen, oder man findet seinen Namen auf Anschlagzetteln als

27 Am 6. März 1924 ist Paul Samson-Körner erstmals auf dem Titelbild von *Der Boxsport* abgebildet. Das berühmt gewordene Foto, daß Brecht und Paul Samson-Körner zeigt, wurde erstmals im *Querschnitt* (Heft 3. März 1926. S. 202) gedruckt.
28 Kurt Weill: *Musik und Theater*. Gesammelte Schriften. Mit einer Auswahl von Gesprächen und Interviews. Hg. v. Stephen Hinton und Jürgen Schebera. Berlin: Henschelverlag 1990. S. 255.

Ringrichter, etwa beim wichtigen Kampf Max Schmelings gegen Franz Diener am 4. April 1928 um die deutsche Schwergewichts-meisterschaft.

Schauspielhaus versus Sportpalast

Es bleibt Brecht als Theatermann natürlich nicht verborgen, daß sich zu den Boxveranstaltungen massenhaft Leute einfinden, und es ist sehr wahrscheinlich, daß ihn die Gründe ihrer Begeisterung bald mehr beschäftigen als die Kämpfe selbst. Neben den Kontra-henten im Ring rücken die zahlenden Massen im Dunkeln in sein Blickfeld. »Das Theater«, schreibt Brecht, »muß als Theater jene faszinierende Realität bekommen, die der Sportpalast hat, in dem geboxt wird«. (Vgl. *Dekoration*.) Der Berliner Sportpalast faßt Mitte der zwanziger Jahre mit Boxkampfbestuhlung über 10000 Menschen.[29] Eine solche Menge brachte ein Klassiker nie in die geheizten Logen. Brecht beklagte schon als junger Kritiker in Augsburg die emotionale Abstinenz des Theaters, die es einem schwermache, wach über die Runden zu kommen. Daß dem Publi-kum für sein Geld etwas geboten werden müsse, oder anders: daß wirkliche Kunst in erster Linie eine Erektion der Seele auslösen solle, an dieser Einsicht der Theaterbesitzer zweifelt Brecht tief. Als selbstbewußter Repräsentant der Jungen prophezeit er laut den vollständigen Untergang des Dramas auf absehbare Zeit. Dem könne allenfalls begegnet werden, wenn die traditionelle Ästhetik durch die Jungen verändert, am besten gänzlich liquidiert würde. Darüber hinaus beschimpft Brecht die unkritischen und inkompe-tenten Theaterbesucher und ihre Erstarrung in interesselosem Wohlgefallen. Sie hätten von dem, was auf der Bühne passiert, nicht die leiseste Ahnung und gefielen sich darin, aus Anstand und Konvention dem letzten Aufguß verstaubter Klassik müde zu ap-plaudieren.[30]

29 Vgl. die sehr ausführliche Monographie über den Berliner Sportpalast: Alfons Arenhöfel (u. a.): *Arena der Leidenschaften*. Der Berliner Sportpalast und seine Veranstaltungen 1910-1973. Berlin: Verlag Willmuth Arenhövel 1990; mit einer Darstellung der Rolle des Sportpalastes während des Faschismus.
30 Brecht fordert für das Theater ein fachkundiges Publikum, das qualitätsbewußte Einschätzungen einer Darbietung vornehmen kann. Die »Haltung des Rau-chend-Beobachtens«, wie man sie nur im Sportpalast einnimmt, steigere notwendig die Qualität der Aufführungen, denn mit »ein paar elenden Pfund Mimik« könne das Publikum unmöglich zufrieden sein. Vgl. *Anmerkungen zur*

Als Kritiker des bürgerlichen und sinnenfeindlichen Theaterbetriebs läuft Brecht zur Höchstform auf: »Ich behaupte, daß ein einziger Mann mit einer Zigarre im Parkett einer Shakespeare-Aufführung den Untergang der abendländischen Kunst herbeiführen könnte. Er könnte ebenso eine Bombe als eine Zigarre in Brand setzen«. (Vgl. *Es gibt kein Großstadttheater*.) – Warum aber sind alle vor und um den Boxring Versammelten hellwach, ja begeistert, und warum hat jeder eine Meinung zu dem, was da passiert? Es geht die Leute etwas an, sie können urteilen, weil sie Bescheid wissen. Der wirklichen Spannung und dem blanken Entsetzen des Publikums, ausgelöst durch einen unvermittelten Uppercut, hat das todsichere Schicksal von Hamlet oder Gretchen nun einmal nichts entgegenzusetzen. – Brecht zieht daraus ganz unmittelbare Konsequenzen für seine eigene Theaterarbeit, als er für die Uraufführung seines Einakters *Die Kleinbürgerhochzeit* in Frankfurt a. M. im Dezember 1926 die Bühne als Boxring ausgestalten läßt. Die Idee kommt beim Publikum an, so daß er sie ein halbes Jahr später in Baden-Baden zur Uraufführung seines *Mahagonny*-Songspiels wiederholt. Im Grunde kann auch die Neubearbeitung seines älteren Stücks *Im Dickicht* unter dem neuen Titel *Im Dickicht der Städte* nur in einer Kampfarena gespielt werden: »Sie betrachten den unerklärlichen Ringkampf zweier Menschen [...]. Zerbrechen Sie sich nicht den Kopf über die Motive dieses Kampfes«, berät der Autor sein Publikum im vorhinein, »beurteilen Sie unparteiisch die Kampfform der Gegner und lenken Sie Ihr Interesse auf das Finish«. (Vgl. den »Vorspruch« zu *Im Dickicht der Städte*.) Die von mächtigen »Juno-Lampen« ausgeleuchtete Fläche von gut 6 mal 6 Metern respektiert Brecht – jedenfalls in dieser Zeit – vorurteilslos als einen der Theaterbühne ebenbürtigen Ort. Live und ohne viele Worte vollzieht sich der fünfte Akt der Tragödie, und hier beobachtet er, wie es sogar gewissen Damen – ganz im Gegensatz zum traditionellen Theater – den wohligen Schauer über den Rücken jagt, wenn ein linker Haken die geölte Erhabenheit des Helden im Ring zur Grimasse entstellt. Am Ende des

Dreigroschenoper. GBA 24,59. – Marieluise Fleißer zweifelt ebenfalls 1928 daran, daß der Künstler noch Repräsentant irgendeines Zeitgeistes sei, »wenn man die Massen sieht, die den Sportkämpfen zuströmen, aber an Ereignissen der Kunst ziemlich uninteressiert vorbeigehen. Die körperliche Leistung setzt sich dem Auge der Massen leichter in Verständliches um«. (Marieluise Fleißer. *Sportgeist und Zeitkunst. Der moderne Menschentyp*. In: Gesammelte Werke. Band 2. Frankfurt a. M. 1983. S. 317.)

Kampfs steht hoffentlich der Knock-out. Beim Boxen wie beim Schreiben haßt Brecht nichts mehr als Punktrichter oder Kritiker, von deren »Sachverstand« die Plazierung abhängt. Ein Stück muß wie ein rechter Haken einschlagen, daß es den Kritikern vor Hören und Sehen die Sprache verschlägt. (Vgl. *Die Todfeinde des Sportes*.)

Das Renommee – wie ein Mann gemacht wird

In Brechts *Mahagonnysong No. 4* – den Kurt Weill später vertonte – begegnen wir im Jahre 1924 dem Namen eines der bedeutendsten Boxer aller Zeiten: Jack Dempsey; der weiße Amerikaner galt damals als *der* Champion überhaupt. Berühmt wurde Dempsey durch einige glückliche Umstände. Im Jahr 1920 wurde in New York das Profiboxen – in zahlreichen Staaten der USA bis heute verboten – legalisiert und die Stadt damit zu einer Goldgrube für die Branche. George F. »Tex« Rickard avancierte in kürzester Zeit zum größten Promoter und Manager dieses neuen Geschäfts. Mit besten Verbindungen zur Presse und zum Rundfunk, aber auch zu den Banken, entwickelt er eine wahre Kunst, das Publikum zu melken. Seinen größten Coup landet Tex Rickard mit dem Kampf Jack Dempsey, bekannt als »Manassa Mauler«, gegen den Franzosen Georges Carpentier. Von der Fachpresse wurde dem schwächeren Franzosen keinerlei Chance eingeräumt, was sich schlecht auf die Zuschauerzahlen und damit auf das Geschäft ausgewirkt hätte. Also ließ Rickard »durchsickern«, Carpentier arbeite seit geraumer Zeit an einer ganz mysteriösen Schlagtechnik, von der niemals vorher jemand etwas gesehen hätte, und alle Zeitungen verbreiten diese Meldung. Die Rechnung geht auf: Zu dem wohlvorbereiteten Spektakel finden sich am 2. Juli 1921 in Jersey City genau 80 183 Zuschauer ein und zahlen dafür fast 1,8 Millionen Dollar. In der ersten Reihe sitzen Charlie Chaplin, Douglas Fairbanks, Henry Ford und eine große Anzahl von Dollarkönigen aus allen Sparten. Millionen Menschen werden durch die erste Radioübertragung großen Stils Ohrenzeugen des Kampfs, der – vorhersehbar – in der vierten Runde mit dem Sieg Dempseys endet.[31] – Brecht wählt diesen auf der ganzen Welt berühmt gewordenen

---

31 George Bernard Shaw schreibt dazu unter dem Titel *Carpentier in Defeat* am 21. September 1921 in der Londoner Zeitung *The Observer* eine Reportage.

Kampf, den er aus der Wochenschau im Kino kennt, Ende 1926 sehr sachkundig aus als Vorbild für seinen Roman mit dem geplanten Titel *Das Renommee*: »Bei diesem Boxerroman ist das Boxen nicht die Hauptsache, obwohl auch daraus, alle verstreuten Stellen zusammengenommen, einige spannende Druckseiten herausgeholt werden. Aber interessanter ist es schon zu sehen, wie ein Mann durch Boxen Geld und Ruhm verdient und wie er es anfängt, daß er dann den Ruhm noch einmal zu Geld macht, kurz: wie ein Mann *sich macht*. Interessant, wie alle möglichen Leute bestrebt sind, einen Helden zu bekommen, das heißt, einen guten Mann immer noch besser haben zu wollen, als er ist, und ihn mit sanftem Zwang kleiner Zeitungsnotizen […] und, wenn es sein muß, mit einem höllischen Privatleben-, Gesellschaft- und Presseklamauk in einen Weltrekord hineinhetzen, kurz: wie ein Mann *gemacht wird*.« Für den Roman bildet die Geschichte von einem halbwegs guten Boxer nur den Rahmen. George Carras ist keine Weltklasse, eher ein kluger Geschäftsmann, und unvermittelt sieht er sich aufgrund von sogenannten Sachzwängen in einen Weltmeisterschaftskampf hineinlaufen, aus dem er am Ende nur noch irgendwie und mit möglichst heilen Knochen herauskommen will. Viel wichtiger ist das Geschäft: Die Welt des Boxsports erscheint in Brechts Romanentwurf als ein authentischer Mikrokosmos der kapitalistischen Gesellschaftsshow und ihrer gekonnten Vermarktung eines Produkts. Der Held wird zunächst hergestellt und aufwendig verpackt, dann möglichst teuer verkauft. Und weil das manchmal nicht ohne Spuren abgeht, wählt Brecht für seinen Protagonisten die robuste Physiognomie des Boxers. Die Geschichte, die Brecht plant, kennen wir heute aus unzähligen Boxerfilmen bis hin zu »Rocky«: Boxen hat etwas mit Armut und Hunger zu tun. Kein Mensch boxt allein zum Spaß. Aus den Deklassierten, den Schiffsjungen, Zwiebelschneidern, Orangenpflückern und Tellerwäschern wird in höchstens einem von zehntausend Fällen ein Champion. Boxerkarrieren haben etwas Romantisches: auf dem Weg zum Ruhm lernt der Champ die schönste Frau kennen, von der er in kurzer Zeit ruiniert wird, da sie ohnehin nur an seinem Geld interessiert ist; die Medien tun ein übriges, mit dem Renommee des Helden zu jonglieren. – Diese individuelle Seite des Romanprojekts hat Brecht gut im Griff. Aber 1926/27 ist die Zeit, in der er sich für dieses Romanprojekt und für zahlreiche angefangene Stücke mit dem Leitthema »Einzug der

Menschheit in die großen Städte zu Beginn des dritten Jahrtausend«[32] mit der Geschichte der politischen Ökonomie vertraut macht. »Er behauptete, die *Praktiken* mit Geld seien sehr undurchsichtig«, notiert seine Mitarbeiterin Elisabeth Hauptmann am 26. Juli 1926 in ihr Notizbuch, »er müsse jetzt sehen, wie es mit den *Theorien* über Geld stehe«.[33] Brecht befragt Fachleute und Börsianer, studiert unter anderem Marx' *Kapital* – später nennt er es bescheiden »eine Art Betriebsunfall«[34] – und bekennt sich immer offener dazu, ein Kommunist zu sein. – Der individuelle Kampf, der an einem Boxer gezeigt werden könnte, verliert für ihn an Faszination. Bertolt Brecht ist dreißig Jahre alt und wendet sich nun »dem wichtigsten aller zeitgemäßen Kämpfe, dem Klassenkampf« zu. Seinen Boxerroman hat er jedenfalls nicht zu Ende geschrieben. – In dem Gedicht *Gedenktafel für zwölf Weltmeister* bewahrt Brecht 1927 seine Kenntnisse der Boxgeschichte und setzt dieser Sportart ein literarisches Denkmal.

Am 15. Dezember 1931 meldet die *Frankfurter Zeitung* in einer kleinen Notiz: »Für die *Mahagonny*-Aufführung in Berlin ist für die Boxkampfszene Max Schmeling als Boxer für die Premiere gewonnen worden.« Schmeling ist zu dieser Zeit Schwergewichtsweltmeister, der erste Nichtamerikaner und – was die Meldung plausibel erscheinen läßt – bereits in einigen drittklassigen Filmmelodramen (etwa an der Seite von Olga Tschechowa) singend aufgetreten. Diese Notiz ist aber mit Sicherheit ein Reklametrick des Theaterbesitzers Ernst Josef Aufricht: die Premiere findet eine Woche später am Kurfürstendamm-Theater ohne den Boxprofi statt. Dennoch wird das Stück ein Riesenerfolg: Eine Opernrevue mit Jazzeinlagen, die man damals noch naiv »Negermusik« nannte und einem zentral plazierten Boxkampf (Szene 15: »Kämpfen«), auch wenn nur Schauspieler die Box-Kontrahenten »Dreieinigkeitsmoses« und »Alaskawolfjoe« mimten, so etwas hatte es noch nicht gegeben.[35] – Das Echo des Erfolgs von *Dreigroschenoper*

32 *Tagebücher 1920-1922.* S. 208 (Eintrag von 1926) – Unter diesem Leitthema versammelt Brecht seit seiner Übersiedelung nach Berlin zahlreiche Stückprojekte (vgl. GBA 10) und die Gedichtsammlung *Aus dem Lesebuch für Städtebewohner* (GBA 11).

33 *Notizen über Brechts Arbeit 1926*, in: Elisabeth Hauptmann: *Julia ohne Romeo.* Berlin/DDR: Aufbau-Verlag 1977. S. 171.

34 *Tagebücher. 1920-1922.* S. 221 (Eintrag von 1935).

35 Hiervon wird eine Schallplattenaufnahme hergestellt, die es heute wieder auf Compact-Disc zu kaufen gibt. – Während der Proben zu dieser Inszenierung am

und *Aufstieg und Fall der Stadt Mahagonny* war laut genug, den Namen Bert Brecht – und den Kurt Weills – weit bekannt zu machen. Um diesen Erfolg zu teilen, »schenkt« er seiner ständigen Mitarbeiterin Elisabeth Hauptmann die Idee und einige seiner besten Songs für ein weiteres Stück derselben Machart: *Happy End*. Als Opening-Act dieser Chicagoer Gangsterposse betritt »Johnny Dutch, der Exweltmeister im Halbschwergewicht«[36] die Bühne. Obwohl Kurt Weill noch eine bewährte Musik beisteuert, wird das Stück ein Flop. Birma, Whisky, Zigarren und Revolver – das Publikum ist es leid, und Brecht ist es längst auch.

Die Emigration – den Punchingball im Tornister

Er springt ab, wendet sich neuen, experimentelleren Formen des Theaters zu und entwickelt seine bis heute diskutierten »Lehrstücke«. Mit hinüber in diese sehr viel politischere Phase seiner Arbeit nimmt er – das Boxen. Sein umstrittenstes Lehrstück *Die Maßnahme* z. B. läßt er – in ganz bewußter Nachahmung der räumlichen Verhältnisse von Akteuren und Publikum beim Boxkampf – in einem vom Chor umgebenen Boxring aufführen. Der Ring bleibt geliebtes Theaterrequisit, wie der unverzichtbare rote Mond. Ein wenig Sentimentalität ist sicher auch im Spiel, wenn der Fleischkönig Chicagos in der *Heiligen Johanna der Schlachthöfe* nach Jack Dempsey den Namen Mauler trägt. Und gleich im Einleitungskapitel zu seinem *Dreigroschenroman* mit dem Titel »Die Bleibe« prügeln sich zwei Bettler auf der Straße um das einträglichste Revier: »Zeige in offenem, ehrlichem Kampf, ob du fähiger bist als ich, eine sich gut rentierende Stellung zu besitzen, die wir beide erstreben. […] Wende aber keine unfairen Mittel an, schlage nicht unter den Gürtel und ins Genick und laß die Knie aus dem Spiel! Der Kampf muß, soll er Geltung haben, nach den

Kurfürstendamm-Theater kommt es zum offenen Bruch zwischen Brecht und Weill und sehr bald darauf zum Ende ihrer viele Jahre währenden Kooperation.
36 *Happy End. Komödie in drei Akten. Von Dorothy Lane*. In: Elisabeth Hauptmann: *Julia ohne Romeo*. Berlin/DDR: Aufbau-Verlag 1977. S. 65-135. Hauptmann schreibt und publiziert das Stück unter dem Pseudonym Dorothy Lane. Sie übersetzt in dieser Zeit ein Stück von Ferdinand Reyher *Don't Bet on Fights* unter dem Titel *Harte Bandagen* ins Deutsche – es wird Silvester 1929 mit Fritz Kortner in der Hauptrolle am Staatlichen Schauspielhaus in Berlin aufgeführt – und versorgt Brecht mit einschlägiger Literatur.

Regeln des Britischen Faustkämpferverbandes ausgefochten werden!« Natürlich hat Bert Brecht keinen Zweifel daran, daß in diesen Jahren 1933/34 die Kämpfe in Deutschland nach anderen als den Regeln des Marquess von Queensberry (1890) funktionieren.[37] Es ist – nicht nur beim Boxen – unzweckmäßig, in einem aussichtslosen Kampf die eigene Existenz aufs Spiel zu setzen. Brecht verläßt Deutschland nach dem Reichstagsbrand und flieht unter »das dänische Strohdach« auf die Insel Fünen. Dort beginnt er 1935/36 ein Stück mit dem Titel *Das wirkliche Leben des Jakob Gehherda* (vgl. GBA 10) – ohne darauf verzichten zu können, eine Szene als Boxkampf zu arrangieren und »Die graue Schlucht« mit der Szenenanweisung »Durch Stricke und Pflöcke ist ein Boxring geschaffen worden« zu versehen. – Diesen Details ließen sich weitere hinzufügen. Festzuhalten bleibt, daß der *Kampf* als zentrale Kategorie seiner Texte immer wieder als Boxkampf in Szene gesetzt wird. – Während seines Exils in USA bleibt das Boxen beliebtes Gesprächsthema. Seinen amerikanischen Freunden versucht er anhand der Boxkämpfe und der Arena des New Yorker Madison-Square-Garden die Grundstrukturen des epischen Theaters zu erklären (vgl. auch *Die Sichtbarkeit der Lichtquellen*), und daß er später in einer Bearbeitung von zwei Gerhart Hauptmann-Stücken einen »Dr. Boxer« erst auftreten läßt und dann streicht, ist kein Zufall. Die Begrüßung von Coriolan und Tullus Aufidius »wie bei einem Boxmatch« in seiner Shakespeare-Bearbeitung auf der Bühne des Berliner Ensembles im Jahre 1952 ist ganz offenbar ein bislang nicht wahrgenommenes Stilmerkmal seines Schreibens und seiner Theaterarbeit. – Als er ab 1952 zusammen mit Elisabeth Hauptmann seine erste Werkausgabe vorbereitet und dabei die meisten seiner Stücke einer Revision unterzieht, schreibt er einen Text, den er dem ersten Band voranstellen möchte und in dem er sich an die Zeit erinnert, in der die »großen mythischen Vergnügungen der Riesenstädte von jenseits des großen Teichs« ihn so beeindruckt und in seinem Schaffen beeinflußt haben; *Bei Durch-*

37 Der Boxsport wird von den Deutschnationalen und den Faschisten als charakterbildender Volkssport propagiert. »The linking of national sports programs with political rejuvenation was certainly a central part of fascist politics in Germany and Italy, and it is also true that both Hitler and Mussolini saw boxing as a particularly wholesome antidote to what the former [Hitler] called ›peaceable aesthetics and physical degenerates‹«, schreibt David Bathrick in seinem Aufsatz *Max Schmeling on the Canvas. Boxing as an Icon of Weimar Culture*, in: *New German Critique*. No. 51. Fall 1990. S. 113-136.

sicht meiner ersten Stücke weist dem Boxkampf die wichtigste Rolle zu.

Am Ende: der Champion

Der Lebenslauf des Dichters Bertolt Brecht gleicht verblüffend dem eines tugendreichen Boxers: er schlägt sich durch in Augsburg und München, auf Kirmesplätzen und in Kneipen. Er lernt dabei, Niederlagen einzustecken, aber auch den Ehrgeiz, die Disziplin und den Kampf gegen die Angst, es vielleicht doch nicht zu packen. Verehrt von vielen Frauen, die er allesamt besitzen will, zieht es ihn doch weiter, getrieben von seiner Produktivität und vom Willen nach Erfolg und Geld. Er läßt sich nicht unterkriegen, und er ist schlau. Obwohl er oft angezählt wird, übersteht er den Dschungel der Großstadt geschwächt, aber heil. Und als man ihn in Deutschland sperrt, da wartet er in seiner Ecke ruhig und geduldig auf die neue, große Chance. In den finsteren Zeiten hält er sich geschmeidig, arbeitet hart, ohne besonders aufzufallen. Er hält Kontakt zu den Freunden und hofft, daß sein Schreiben für die Schublade sich auszahlt. Als er zurückkommt, gibt es noch ein paar, die ihn kennen, die ihn unterstützen und ihm zu einem eigenen Theater verhelfen. Dort sitzt er dann noch ein paar Jahre, wie ein alter Boxer, der die Jungen trainiert, ihnen zeigt, was sie machen können, und ihnen einschärft, daß man seinen Gegner genau studieren muß. – Denn sonst ist er nicht zu schlagen.

Das Nachwort folgt einem Beitrag des Autors im Jahrbuch der International Brecht Society (IBS), Band 18, 1993. Die Überarbeitung erscheint mit freundlicher Genehmigung der Herausgeber des Jahrbuchs.

1919   In dem frühen Einakter *Prärie. Oper nach Hamsun* (bezieht sich auf Knut Hamsuns Novelle *Zachäus*, die Brecht als Vorlage dient) spielt der Faustkampf zwischen Zachäus und Polly eine entscheidende Rolle. »Ihr müßt tüchtig boxen!« (GBA 1,335). *Prärie* wird erst 1994 in Rostock uraufgeführt.

1920   Brecht entwirft seine ersten Ideen über *Das Theater als sportliche Anstalt*. Hierin sind bereits alle seine Einwürfe gegen die expressionistische Dramatik wie seine zukünftige Kritik gegen ein langweiliges Theater angelegt: *Das Theater als Sport* (Brecht empfiehlt Ibsen und Hofmannsthal) habe sogar eine Chance gegen das heraufziehende Kino.

1922   Entwurf einer »Komödie« im Notizbuch von Anfang/Mitte 1922 mit dem Titel *Der Impotente*. Dort heißt es: »Die Männer boxen im Salat-Garten; dem Schwager werden die Eier eingetreten. Inzwischen vögeln die Weiber in der Kammer. Schlußtableau: Abendessen. Alle bis auf den Kaisch, der frißt: kein Appetit.« – Im selben Notizbuch sind zahlreiche Entwürfe, u. a. zu einer *Sommersinfonie* (Fragment, vgl. GBA 10) und Notate zu *Im Dickicht der Städte* und *Trommeln in der Nacht*, enthalten.

1922/23   Das Prosagedicht *Gesänge vom V R* ist vermutlich nicht beendet worden. »V R« steht als Abkürzung für Virginien-Raucher.

1923   Brecht schreibt die erste Fassung von *Im Dickicht*. Kampf wird zum Sinnbild menschlicher Existenz im Gedränge der modernen Großstädte, »das kalte Chikago« zentrale Metapher vieler Stücke in den nächsten 10 Jahren.

> SHLINK *nach einiger Stille:* Sie kämpfen nicht wie ein Boxer, sie kämpfen wie ein Missionar. Wie ein Missionar, der ein Atheist ist. Missionar der unbefleckten Jungfrau. – *Lacht.*

GARGA *setzt sich:* Ich wollte mit Ihnen boxen, richtig, aber sie haben mir die Nägel ausgezogen, es tut jetzt weh. Sie kämpfen leicht. Wie Sie verdauen! [...]
(vgl. GBA 1,423).

1924	Ein kurzer Text mit dem Arbeitstitel *Boxkämpfe* stammt vermutlich aus dem Zusammenhang eines nicht beendeten Stücks *Der Mann aus Manhatten* (vgl. GBA 10).
1924/25	Der **Mahagonnysong No. 4** entsteht im Zusammenhang mit den *Mahagonnygesängen* der *Hauspostille.* – Jack Dempsey wird hier erstmals erwähnt.
1925	Das Gedicht **Den er hat, den Bizeps** ist im Nachlaß gefunden worden.
1925	Brecht lernt in Berlin **Emil Burri** (auch: Emil Hesse-Burri. Medizinstudent, Stückeschreiber, Ringbetreuer z.B. von Paul Samson-Körner) kennen. Burri bringt Brecht in Kontakt mit Samson-Körner; sie besuchen gemeinsam Boxkämpfe im Berliner Sportpalast.
1925	Brecht schreibt die Geschichte **Der Kinnhaken** (Erstdruck mit Illustrationen von Gustav Kamelhard in *Scherl's Magazin*, Berlin, Heft 1, 6. Januar 1926, S. 48-50).
1925	Am 25. Dezember veröffentlicht der *Berliner Börsen-Courier* Brechts Antwort auf eine Rundfrage an »alle am Theater schöpferisch und organisatorisch mitwirkenden Persönlichkeiten«, mit der ermittelt werden soll: »Was, glauben Sie, verlangt Ihr Publikum von Ihnen?« Der Titel lautet **An den Herrn im Parkett** und wendet sich provokant gegen literarische Ladenhüter.
1925/26	Das Szenenfragment *Pantomime Niggertanz Boxmatch* (vgl. GBA 10) ist vermutlich der Entwurf einer 14. Szene zu *Mann ist Mann.*
1926	Am 18. Januar 1926 notiert **Elisabeth Hauptmann** in ihr Tagebuch eine Äußerung Brechts: »In den alten Theatern sind wir mit unseren Stücken ebensowenig am Platze, wie Jack Dempsey bei einer Rauferei in einer Kneipe voll zur Geltung kommen kann: da haut ihm einfach jemand mit einem Stuhl über den Kopf, und er ist k.o.«

1926   Die Schrift **Mehr guten Sport** erscheint erstmals im *Berliner Börsen-Courier* am 6. Februar 1926. Es existiert eine wenig ausführlichere Typoskript-Fassung (vgl. GBA 21,636). – Angeregt wird Brecht durch den Bericht *Gladiatoren* von Alfred Flechtheim (*Der Querschnitt*, Berlin, 1926, Heft 1, S. 48 f.). Einige Passagen mögen Brecht besonders gefallen haben: »Denn das Publikum des Sportpalastes rekrutiert sich nicht allein aus Bierkutschern und Chauffeuren; – die ganze gute berlinische Gesellschaft ist da, Prinzen und Prinzessinnen, Maler und Bildhauer, Literatur und Haute Banque und alle an diesem Abend beschäftigungslosen Schauspieler. [...] Was sich da in dem Ring, inmitten der 15 000 aufgeregter Menschen abspielt, in einer halben Stunde, ist wirkliches Drama, ist keinem Theater vergleichbar.«

1926   Die Schrift **Sport und geistiges Schaffen** ist vermutlich Brechts Antwort auf eine der in dieser Zeit beliebten »Rundfragen«. Unbekannt ist, von wem die Rundfrage gestellt und ob der Text gedruckt worden ist. Brecht bezieht sich auf Thesen, die Frank Thiess in seinem Artikel *Dichter sollten boxen* in der Zeitschrift *Uhu*, Berlin, 1926, Heft 1, S. 68-74, veröffentlicht hat. Thiess hält die Menschen, die Sport treiben, für die »besseren«: »Sie haben das Geheimnis der geistigen Hygiene erkannt, sofern ich meinen Körper tadellos intakt halte, meine Energien auf sportliche, gymnastische, auf Freiluft-Dinge richte, diene ich nicht nur meinem Körper selbst, der doch meines Geistes Träger ist, sondern ich diene unmittelbar meinem Geiste: jeder Sport, jede Gymnastik hat nur Sinn und Erfolg, wenn sie auf intensiver Konzentration beruht.« – Dem *Uhu*-Artikel von Frank Thiess sind Fotografien beigefügt, die den Dichter bei der Ausübung verschiedener Sportarten zeigen, u. a. auch beim Training mit dem Punchingball. – George Grosz hat in der Tat gelegentlich zum Spaß geboxt, und Hannes Küpper ist Dramaturg in Essen gewesen, wo er die Theaterzeitschrift *Der Scheinwerfer* herausgibt. Bei seinem Urteil im Lyrik-Preisausschreiben der *Literarischen Welt* vom 4. Februar 1927 spricht ihm Brecht einen Preis zu für sein neusachliches Poem *The Iron Man*:

He, he! The Iron Man!

Es kreist um ihn die Legende,
daß seine Beine, Arme und Hände
wären aus Schmiedeeisen gemacht
zu Sidney in einer taghellen Nacht
He, he! the Iron Man!

Eine Spiralfeder aus Stahl sei das Herz,
frei von Gefühlen und menschlichem Schmerz,
das Gehirn eine einzige Schalterwand
für des Dynamos Antrieb und Stillstand.
He, he! the Iron Man!

Dicke Kabelstränge seine Nerven wären
Hochgespannt mit Volt-Kraft und Ampèren. Denn:
dieser künstliche Mensch sollte auf Erden
ursprünglich nicht Six-Days-Fahrer werden.
Zu einem neuen Cäsar war er erdacht,
daher die ungeheure eiserne Macht.
He, he! the Iron Man! Und
bleibt auch alles nur Legende, so ist doch eines wahr:
Ein Menschenwunder ist es – Reggie Mac Namara!
He, he! the Iron Man!

In einem späteren Text *Neue Sachlichkeit* (1929/30, s. u.) ändert Brecht seine euphorische Meinung über Küppers Gedicht.

um 1926   Die Schrift **Ausblicke** wird zu Lebzeiten Brechts nicht publiziert. Das Typoskript ist gezeichnet »Von Bert Brecht«.

1926   Der Szenenentwurf *Berliner Boxkampf (geht in Walzer über)* ist möglicherweise Teil einer geplanten *Revue für Reinhardt.*

1926   Am Schluß des *Mann ist Mann*-Zwischenspiels *Das Elefantenkalb oder Die Beweisbarkeit jeglicher Be-*

hauptung steht die Regieanweisung: »Alle ab zum Boxkampf.« Es wird im Erstdruck des Stücks (1927) im Anhang plaziert, in Brechts weiteren Bearbeitungen von *Mann ist Mann* (vgl. GBA 2) fortgelassen und erst 1953 als Zwischenspiel wieder eingebaut (vgl. unten *Bei Durchsicht meiner ersten Stücke*).

1926   *Vorspruch* zu seiner ›neusachlichen‹ Überarbeitung von *Im Dickicht,* die Brecht in dieser verkürzten Fassung *Im Dickicht der Städte* (vgl. GBA 1,438) nennt. Hier erstmals George Gargas Zusammenfassung seines Kampfes mit Shlink in Szene 9:

GARGA [...] *Stille.* Dieser Kampf war eine solche Ausschweifung, daß ich heute ganz Chikago dazu brauche, ihn nicht fortsetzen zu müssen. Es ist natürlich möglich, daß er selbst schon nicht mehr an eine Fortsetzung dachte. Er deutete selber an, daß in seinem Alter drei Jahre soviel wie dreißig Jahre sein können. In Anbetracht aller dieser Umstände habe ich ihn, ohne selbst anwesend zu sein, mit einem ganz groben Mittel vernichtet. Außerdem mache ich es ihm einfach unmöglich, mich zu sehen. Dieser letzte Schlag wird nicht mehr zwischen uns diskutiert: ich bin nicht mehr für ihn zu sprechen. In der Stadt wachen heute an jeder Ecke die Autochauffeure darüber, daß er sich im Ring nicht mehr blicken lassen kann zur Stunde, wo sein Knockout ohne vorhergegangenen Kampf einfach als erfolgt angenommen wird. Chicago wirft das Handtuch für ihn. Ich kenne seinen Aufenthaltsort nicht, aber er weiß es.

1926   Das Gedicht *Alsbald verließ auch sein Aug* ist ein sehr ungewöhnlicher Entwurf in Hexameterversen; nach Elisabeth Hauptmann handelt es sich um den Bericht über einen Boxkampf.

1926   Die Uraufführung des Einakters *Die Hochzeit* (GBA 1; später: *Die Kleinbürgerhochzeit*) in Frankfurt a. M. am 11. Dezember 1926 hat einen Boxring als Spielfläche auf der Bühne.

1926/27   Brechts Schrift *Es gibt kein Großstadttheater* enthält
           sein legendäres Statement für das ›Rauchtheater‹.

1926/27   **Der Lebenslauf des Boxers Samson-Körner.** *Erzählt
           von ihm selber, aufgeschrieben von Bert Brecht* wird
           nicht zuende erzählt. Mit dem Abbruch der aktiven
           Boxkarriere Samson-Körners im Januar 1927 endet –
           wen wundert's – auch das Interesse an dem deutschen
           Schwergewichtsmeister. Die Fortsetzungsgeschichte
           wird in vier Folgen in dem Berliner Sportmagazin
           Die Arena (Ausstattung: John Heartfield) von Ok-
           tober 1926 bis Januar 1927 (Heft 1 bis Heft 4) veröf-
           fentlicht. Die Geschichte ist mit einigen Zeichnungen
           von Otto Schmalhausen illustriert. Am Ende der er-
           sten Folge druckt die Zeitschrift eine Stichwortsamm-
           lung über den Fortgang der Ereignisse, die sich am
           realen Lebensweg Samson-Körners zumindest orientie-
           ren:

Inhaltsübersicht der Fortsetzungen
in den folgenden Heften:

*Heftig wechselnde Berufe. – Der fünfzehnjährige
Schaubudenboxer. – Mit sechzehn Jahren als Mess-
roomsteward nach Alexandrien, als zweiter Koch nach
Trinidad. – Auf dem Hamburger »Dom« als Schiff-
schaukelschwinger. – Kohlentrimmer auf dem »Kaiser
Wilhelm der Große«. – Siebzehnjährig in Amerika. –
Amerikanische Schiffe. – Eine Segelpartie nach Afrika.
– Training auf See. – In Hoboken als Kesselschmied. –
Das kalte Chicago. – Das Bett aus Zeitungspapier. –
Eisenbahnwaggon und free lunch. – Als blinder Passa-
gier durch ganz Amerika. – Geldmachen als Portier,
Tellerabwascher, Lunchman, Bananenverlader, Kar-
tenmixer, Hantelkünstler, Schneeschipper, Kesselschmied, Boxer. – Eine halbe Stunde Schaufelkranfüh-
rer im Mormonendistrikt. – Der Kampf mit dem
»russischen Löwen«. – Unter Falschspielern. – Zurück
nach New York als Viehwärter. – Erste Boxkämpfe. –
Als Eisenkonstrukteur in Panama. – 1916: Champion
von Panama. – Als Autotaxibesitzer in New York. – Als*

Vorarbeiter in den Kupferminen von Chile. – Champion von Chile und Peru. – Hauptkämpfe mit Dan McClure, Tom Gibbons usw. in New York. – Geschichte des schwarzen Weltchampions Jack Johnson. – Der Kampf Carpentier-Dempsey hinter den Kulissen. – Rückkehr nach Deutschland. – Die Meisterschaftskämpfe in Deutschland.

1926/27	Am 2. Juli 1921 wird in einer eigens errichteten Arena in New Jersey der **Boxkampf zwischen Dempsey und Carpentier** ausgetragen. Brecht kennt diesen berühmt gewordenen Kampf aus dem Kino. Der Plan und die zahlreichen, z. T. identischen Entwürfe zu dem Boxerroman *Das Renommee* (GBA 17) haben diesen Kampf zum Vorbild und entstehen vermutlich parallel zu allen anderen Boxer-Texten. Sie werden hier in der Anordnung wiedergegeben, in die sie Wolfgang Jeske für Band 17 der GBA gebracht hat.
1927	Das Bühnenbild des *Mahagonny*-Songspiels bei der Uraufführung in Baden-Baden ist ein prototypischer Boxring (weitere Hinweise im Kommentar zu *Die Hochzeit* in GBA 1,568-571).
1927	Das Gedicht **Gedenktafel für zwölf Weltmeister** entwirft Brecht vermutlich auf Grundlage einer Serie von Artikeln in dem Sportmagazin *Die Arena*. Einige angesprochene Details und Namen mögen nicht unmittelbar verständlich oder bekannt sein; sie werden deshalb hier erläutert:

Die W. B. A. (World Boxing Association) teilt Boxer in 14 Gewichtsklassen ein. Im Mittelgewicht gilt die Grenze von maximal 72,5 Kilo, das Schwergewicht beginnt bei 82,6 kg. Bei einigen Athleten, die das Gedicht anführt, handelt es sich um Boxer, die auch in anderen Gewichtsklassen Weltmeister geworden sind. Mit der Jahreszahl »1891« spielt Brecht auf die Boxregeln des Marquess von Queensberry an, die kurz zuvor in den professionellen Boxsport eingeführt worden waren. Sie fordern u. a.: gepolsterte Handschuhe, Drei-Minuten-Runden und eine Minute Pause zwischen den Runden. Es ist keine Begrenzung der Rundenzahl vorgesehen. Profi- bzw. Preisboxen ist in den USA bis in die späten 20er Jahre hinein zeitweilig in allen Staaten verboten.

Bob Fitzsimmons (1862-1917), genannt »Ruby Robert« und gebürtiger Engländer, wird Mittelgewichtsweltmeister in New Orleans am 14. Januar 1891 durch K. o. gegen Jack Dempsey (1862-1895) und behält den Titel bis 1894. Obwohl er dem Mittelgewicht angehört, boxt er zeitweilig im Schwergewicht, da er in seiner Klasse keine Gegner mehr findet. Um das Jahr 1892 erringt er Bühnenpopularität in dem Boxerstück *A Man's A Man* (sic!). Er ist von 1903 bis 1905 Weltmeister im Leichtschwergewicht. Seinen letzten Schwergewichtskampf absolviert er 1909 im Alter von 47 Jahren, seinen letzten Kampf als »Methusalem des Boxsports« 1914. – **James John Corbett** (1866-1933), genannt »Gentleman Jim«, hat bis zu seiner Niederlage als der größte Boxer gegolten. Er ist der erste Schwergewichtsmeister (von 1892 bis 1897) nach den Regeln des Marquess von Queensberry. Der Kampf gegen **Fitzsimmons** um die Weltmeisterschaft im Schwergewicht findet in Carson City statt und geht über 14 Runden. – **Philadelphiajack O'Brien** (1878-1942) siegt über Fitzsimmons bereits in Los Angeles durch K. o. in der 13. Runde; er ist danach Weltmeister im Leichtschwergewicht von 1905 bis 1912. – Stanislaus Kiecal (1886-1910) nennt sich »**Stanley Ketchel**« und ist zwischen 1907 und 1910 mehrfach Weltmeister im Mittelgewicht. Ketchel ist nicht Nachfolger Philadelphiajack O'Brien's; sie haben 1907 in ganz unterschiedlichen Gewichtsklassen gekämpft. 1909 boxen sie im Leichtschwergewicht zweimal gegeneinander, allerdings nicht um den Weltmeistertitel. – Billy Papke (1886-1936) ist mehrfach Weltmeister im Mittelgewicht zwischen 1908 und 1912; er begeht Selbstmord. Die »vier Schlachten« zwischen Ketchel und Papke werden am 4. Juni 1908 (10 Runden. Sieger: Ketchel nach Punkten), am 7. September 1908 (Sieger: Papke durch K. o. in der 12. Runde), am 26. November 1908 (Sieger: Ketchel durch K. o. in der 11. Runde) und am 5. Juli 1909 (20

Runden. Sieger: Ketchel nach Punkten) ausgefochten. Ketchel wird am 19. Oktober 1910 von Walter Dipley durch zwei Ladungen Schrot aus einer Jagdflinte getötet. – **Frank Klaus** (1887-1948) erringt den Weltmeistertitel am 5. März 1913 in Paris durch Disqualifikation von Papke. – **George »Jimmy« Gardner** (1887-1954) verlor 1910 gegen Frank Klaus. – Über einen Boxer **Billie Berger** konnten keine Angaben zur Person gefunden werden. – **Willie Lewis** verlor 1910 gegen Papke und Ketchel, 1911 gegen Klaus. – **Jack Dillon** (1891-1942) wird in Kalifornien im März 1912 von Klaus geschlagen. Er ist Weltmeister im Halbschwergewicht von 1911 bis 1916. – **Georges Carpentier** (1894-1975), genannt »The Orchid Man«, unterliegt Klaus am 24. Juni 1912 in Dieppe. Er ist dann Weltmeister im Halbschwergewicht von 1920 bis 1922 und Europameister im Schwergewicht von 1913 bis 1923. – **George »Chip« Chipulonia** (geb. 1888; Todesjahr nicht ermittelt) ist Weltmeister im Mittelgewicht nach seinem K.o.-Sieg über **Frank Klaus** in der 6. Runde in Pittsburgh am 11. Oktober 1913. **Al Rudolph McCoy** (geb. 1894; Todesjahr nicht ermittelt) nimmt ihm den Weltmeistertitel im Mittelgewicht am 7. April 1914 durch K.o. in der ersten Runde. Er hat als »Cheese Champion« einen schlechten Ruf. Am selben Ort in Brooklyn unterliegt er am 14. November 1917 **Mike O'Dowd** (1895-1957) durch K.o. in der 6. Runde. Mike O'Dowd bleibt Weltmeister im Mittelgewicht bis 1920. Dann gewinnt **Johnny Wilson** (geb. 1893; Todesjahr nicht ermittelt) den Titel nach einem Punktsieg in Boston. Er verliert die Weltmeisterschaft am 31. August 1923 an **Harry Greb**. Greb (1894-1926) ist Weltmeister im Mittelgewicht von 1923 bis 1926; sein Ringname ist »The Human Windmill«.

William H. Dempsey (1895-1983) ist Weltmeister im Schwergewicht von 1919 bis 1926. Er nennt sich nach dem verstorbenen Champ im Mittelgewicht »Jack«. In seinem ersten Titelkampf in Toledo am 4. Juli 1919 bringt er Jess Willard derartige Verletzungen bei, daß der Kampf in der Presse als »Boxmord« bezeichnet wird. Seine Ringnamen sind »Tiger Jack« bzw. »The Manassa Mauler«. Manassa ist sein Geburtsort in Colorado. Mauler leitet sich ab von (engl.) to maul: zerfleischen.

Tiger Flowers (1895-1927) wird in New York am 26. Februar 1926 Weltmeister im Mittelgewicht nach dem Punktsieg über Greb; sechs Monate später wiederholt sich dieses Schauspiel am selben Ort mit demselben Ergebnis. Tiger Flowers ist der erste schwarze Mittelgewichtsweltmeister. Er stirbt an den Folgen seines letzten Kampfs. – **Edward Patrick »Mickey« Walker** (1901-1981) ist Weltmeister im Weltergewicht von 1922 bis 1926, im Mittelgewicht nimmt er Tiger Flowers den Titel am 3. Dezember 1926. Der Titelkampf gegen Flowers findet über 10 Runden in Chicago statt. – **Tommy Milligan** (1904-1970) ist Britischer Meister und Europameister im Mittelgewicht von 1924 bis 1928. Brecht erwähnt im Gedicht den verheerenden K. o.-Sieg nach 10 Runden.

1928   **Ferdinand Reyhers** Boxer-Stück *Harte Bandagen* (Originaltitel: *Don't Bet on Fights*) wird unter der Regie von Leopold Jessner am 31. Dezember 1929 im Staatlichen Schauspielhaus Berlin erstaufgeführt (mit Fritz Kortner als Boxer); die deutsche Übersetzung stammt von Elisabeth Hauptmann, den Auftrag dazu hatte Brecht vermittelt, der mit Reyher in Kontakt steht, weil er sich von ihm Propaganda für seine eigenen Stücke in Amerika erhofft. – Zur selben Zeit werden in Berlin weitere amerikanische Boxer-Stücke gespielt.

1928   Im Juli 1928 schreibt Brecht einen Text *Für das Programmheft zur Heidelberger Aufführung* von *Im Dickicht der Städte*; vgl. dort zu Sport, Kampf etc. den 4. Abschnitt (GBA 24,27). Zusatz: »geschrieben am 24. 7. 1928«.

1928   Der Text *Die Krise des Sportes* ist in einer frühen kürzeren Niederschrift mit dem Arbeitstitel *Über den Bizepskult / Sport oder Lebertran?* überschrieben. Gedruckt wird er in: Willy Meisl, *Der Sport am Scheidewege*, Heidelberg: Iris Verlag 1928, S. 144-146. Auf der Titelseite des Bandes heißt es: »Mit dem Vorwort von Egon Erwin Kisch und Beiträgen von Frank Thieß, Arnolt Bronnen, Bert Brecht, Heinz Landmann, Carl Diem.«

1928/29 Brechts Ausführungen unter dem Titel **Die Todfeinde des Sportes** entstehen um 1928, gezeichnet mit »Bert Brecht«. Sie enthalten die für das Thema zentralen Sätze: »Boxen zu dem Zweck, den Stuhlgang zu heben, ist kein Sport. Der Zweck des Sportes ist natürlich nicht körperliche Ertüchtigung, sondern der Zweck körperlicher Ertüchtigung kann Sport sein.«

1929 Die Keunergeschichte **Der Zweckdiener** entsteht sowohl im Zusammenhang mit dem *Fatzer*-Fragment (GBA 10) als auch mit *Der Flug der Lindberghs* (GBA 3). Die Geschichte wird 1948 in die Sammlung der *Kalendergeschichten* (GBA 18) übernommen.

1929 Die Oper **Aufstieg und Fall der Stadt Mahagonny** hat in Szene 15 die Überschrift »Kämpfen«; der zentrale Song über *Fressen, Liebe, Boxen* dient gleichsam als roter Faden der Oper.

1929 Die Schrift **Dekoration** ist als Typoskript überliefert und zu Brechts Lebzeiten nicht publiziert worden.

1929 Die Schrift **Neue Sachlichkeit** macht Brechts stark verändertes Verhältnis zu der (von dem Kunsthistoriker Georg Hartlaub 1923 so benannten) kurzen Stilperiode der Weimarer Republik deutlich. Im Detail bezieht sich Brecht vermutlich auf die szenische Collage *Die Sache ist die* (1924) von Hannes Küpper und Max Vallentin, eine Zusammenstellung von »Dichtungen, Bild- und Klang-Kompositionen, Dialogen, Tänzen«. Der »Affenprozeß zu Dayton« meint ein Ereignis von 1925, als es protestantischen Fundamentalisten gelingt, die Verbreitung der Darwinschen Entwicklungstheorie an Universitäten und Schulen unter Strafe zu stellen: In Dayton, Tennessee (USA), findet ein Prozeß gegen den Biologielehrer John T. Scopes statt, der diese Theorie gelehrt hat. Scopes wird zu 100 Dollar Geldstrafe verurteilt.

1930 Für die Uraufführung des Lehrstücks *Die Maßnahme* in einer Nachtvorstellung (Berlin, 13./14. Dezember) benutzt Brecht »eine **Spielfläche in der Art eines Box-**

rings«, wie der Rezensent des *Berliner Börsen-Couriers* festgehalten hat (vgl. GBA 3,440).

1931   In *Die heilige Johanna der Schlachthöfe* nennt Brecht den Fleischkönig in Chikago »Mauler«. Vermutlich ist das ein Hinweis auf den Ringnamen von Jack Dempsey, der nach seiner Geburtsstadt »Manassa Mauler« genannt wurde.

1931   Brecht sieht den Film *City Lights* von und mit Charles Chaplin, darin eine eindrucksvolle Boxszene.

1931   Der Film *Kuhle Wampe oder Wem gehört die Welt?* entsteht 1931, wird im März und April 1932 mehrfach von der Zensur verboten und – nach Kürzungen – am 30. Mai 1932 uraufgeführt. Dem Arbeitsteam haben Brecht, Slatan Dudow, Hanns Eisler und Ernst Ottwalt angehört. Zentraler Teil ist das große Arbeitersportfest vor den Toren Berlins.

1933/34   Das Einleitungskapitel zum *Dreigroschenroman* (GBA 16) hat den Titel *Die Bleibe*.

1934/35   Ein Stück mit dem Arbeitstitel *Freuden und Leiden der kleineren Seeräuber* (vgl. GBA 10), an dem Ruth Berlau maßgeblich mitarbeitet, wird nicht zuende geschrieben. Die Entscheidung darüber, wer eine bestimmte Frau bekommen soll, wird durch einen Boxkampf herbeigeführt.

1935   Der Text *Über Leibesübungen* wird zum großen Komplex *Buch der Wendungen* gezählt. Vermutlich ist er zwischen 1935 und 1939 entstanden.

1936/37   Das Stückfragment *Das wirkliche Leben des Jakob Gehherda* (GBA 10) enthält die Szene »Die graue Schlucht«, in der als Bühnenbild ein Boxring verwendet werden soll und die Szene wie ein Boxkampf arrangiert ist.

1937   Der Text **Die Sichtbarkeit der Lichtquellen** entsteht vermutlich 1937; er wird 1951 in Heft 11 der *Versuche* gedruckt, dort als Bestandteil einer größeren Untersuchung über den Verfremdungseffekt.

1939   Brechts Vergleich in der Schrift **Über die Art des Philosophierens** stammt vermutlich aus dem Jahr 1939.

1942   Brecht notiert in sein *Journal* in den USA am 20. Februar 1942: »Es ist schwierig, wie ein amerikanischer

writer hier sagte, im Boxkampf den Gegner so nieder-
zuschlagen, daß er nur auf 9 niedergeht.«

1946   In Gesprächen mit amerikanischen Freunden in New
        York erklärt Brecht das epische Theater und die von
        ihm geforderte veränderte Zuschauerhaltung anhand
        der Boxkämpfe im Madison-Square-Garden.

1949   Im *Kaukasischen Kreidekreis* gibt es den Kampf der
        Ärzte in der ersten Szene »Das hohe Kind« (GBA
        8,21f.)

1950   Brecht streicht während der Bearbeitung der beiden
        Gerhart Hauptmann-Stücke *Der Biberpelz* und *Der
        Rote Hahn* zu einem abendfüllenden Stück den zu-
        nächst übernommenen jüdischen Schiffsarzt »Dr. Bo-
        xer«.

1951/52 Brechts Bearbeitung von Shakespeares *Coriolanus*: In
        der 8. Szene, in der Coriolan mit Tullus Aufidius, dem
        Führer des feindlichen Heeres, zusammentrifft, soll ge-
        zeigt werden, daß »die ›Herren‹ anders kämpfen als das
        Volk«. Coriolan und Tullus Aufidius »begrüßen sich«
        wie bei einem »Boxmatch« (zitiert nach den Aufzeich-
        nungen von Käthe Rülicke; vgl. GBA 9, Kommentar zu
        Coriolanus).

1953   In der Bearbeitung des *Don Juan* nach Molière, Szene
        7, gibt es sehr aufschlußreiche Ausführungen über das
        Duell (GBA 9).

1953   *Bei Durchsicht meiner ersten Stücke* schreibt Brecht als
        Vorwort für die Neuausgabe seiner frühen Stücke:
        Baal, Trommeln in der Nacht und *Im Dickicht der
        Städte* werden 1953 im Suhrkamp Verlag, Frankfurt
        a.M., als Band 1 der *Ersten Stücke* publiziert, *Leben
        Eduards des Zweiten von England* und *Mann ist Mann*
        als Band 2. Brecht korrigiert für diese Ausgabe sehr viel
        – insbesondere an *Trommeln in der Nacht*; jedoch lehnt
        es der Verlag ab, das Vorwort aufzunehmen. In späte-
        ren Auflagen wird es dann gedruckt.

1954   Im Stück *Turandot oder Der Kongreß der Weißwä-
        scher* erweist sich die Hauptfigur ebenfalls boxbegei-
        stert: »Mit dem Fuß ... jetzt aufs Kinn« (GBA 9,141).

1955   In der Komödie *Pauken und Trompeten* (GBA 9), einer
        Bearbeitung nach Farquhars *The Recruiting Officer*,

wirbt in der ersten Szene Kite »den starken Mann von Kent, ehemals bekannt für sein Boxen«; er kehrt in Szene 12 wieder.

1956 Bei der Geschichte *Herr Keuner und Freiübungen* handelt es sich um einen der letzten Texte Brechts überhaupt.

Die Quellenangaben GBA beziehen sich mit Band- und Seitenangaben auf die *Große kommentierte Berliner und Frankfurter Ausgabe* der *Werke* Bertolt Brechts, die seit 1988 im Aufbau-Verlag, Berlin, und im Suhrkamp Verlag, Frankfurt a. M., erscheint.

Fotonachweis

S. 53 *Ullstein*
S. 91 unten *Hulton Deutsch*

Bertolt Brecht
im Suhrkamp Taschenbuch Verlag

12/2/2.94

Bertolt Brecht
im Suhrkamp Taschenbuch Verlag

Unterm dänischen Strohdach. Sein Exil in Skandinavien. 1933–1941. es 1834

Die unwürdige Greisin und andere Geschichten. Zusammengestellt von Wolfgang Jeske. st 1740

Das Verhör des Lukullus. Hörspiel. es 740

Materialien

Brecht im Gespräch. Diskussionen, Dialoge, Interviews. Herausgegeben von Werner Hecht. es 771

Brecht in den USA. Herausgegeben von James K. Lyon. stm. st 2085

Brechts ›Antigone‹. Herausgegeben von Werner Hecht. stm. st 2075

Brechts ›Aufstieg und Fall der Stadt Mahagonny‹. Herausgegeben von Fritz Hennenberg. stm. st 2081

Brecht-Journal. Herausgegeben von Jan Knopf. es 1191

Brecht-Journal 2. Herausgegeben von Jan Knopf. es 1396

Brechts ›Dreigroschenoper‹. Herausgegeben von Werner Hecht. stm. st 2056

Brechts ›Guter Mensch von Sezuan‹. Herausgegeben von Jan Knopf. stm. st 2021

Die heilige Johanna der Schlachthöfe. Bühnenfassung, Fragmente, Varianten. Kritisch ediert von Gisela E. Bahr. es 427

Brechts ›Kaukasischer Kreidekreis‹. Herausgegeben von Werner Hecht. stm. st 2054

Materialien zu Brechts ›Leben des Galilei‹. Zusammengestellt von Werner Hecht. es 44

Brechts ›Leben des Galilei‹. Hg. von Werner Hecht. stm. st 2001

Materialien zu Brechts ›Mutter Courage und ihre Kinder‹. Zusammengestellt von Werner Hecht. es 50

Brechts ›Mutter Courage und ihre Kinder‹. Herausgegeben von Klaus-Detlef Müller. stm. st 2016

Materialien zu Bertolt Brechts ›Schweyk im zweiten Weltkrieg‹. Vorlagen (Bearbeitungen), Varianten, Fragmente, Skizzen, Brief- und Tagebuchnotizen. Ediert und kommentiert von Herbert Knust. es 604

Brechts Theorie des Theaters. Herausgegeben von Werner Hecht. stm. st 2074

Zu Bertolt Brecht

Walter Benjamin: Versuche über Brecht. Herausgegeben und mit einem Nachwort versehen von Rolf Tiedemann. es 172

Werner Hecht: Sieben Studien über Brecht. es 570

James K. Lyon: Bertolt Brecht und Rudyard Kipling. es 804

12/3/2.94

suhrkamp taschenbücher
Eine Auswahl

suhrkamp taschenbücher
Eine Auswahl

suhrkamp taschenbücher
Eine Auswahl

suhrkamp taschenbücher
Eine Auswahl

265/4/11.93

suhrkamp taschenbücher
Eine Auswahl

suhrkamp taschenbücher
Eine Auswahl

Vargas Llosa: Wer hat Palomino
  Molero umgebracht? 1786
Walser, Martin: Die Anselm
  Kristlein Trilogie (Halbzeit,
  Das Einhorn, Der Sturz).
  st 684
– Brandung. st 1374
– Ehen in Philippsburg. st 1209
– Ein fliehendes Pferd. st 600
– Jagd. st 1785
– Jenseits der Liebe. st 525
– Liebeserklärungen. st 1259
– Lügengeschichten. st 1736
– Das Schwanenhaus. st 800
– Seelenarbeit. st 901
– Die Verteidigung der Kindheit.
  st 2252

Walser, Robert: Der Gehülfe.
  st 1110
– Geschwister Tanner. st 1109
– Jakob von Gunten. st 1111
– Der Räuber. st 1112
Watts: Der Lauf des Wassers. st 878
– Vom Geist des Zen. st 1288
Weber-Kellermann: Die deutsche
  Familie. st 185
Weiß, Ernst: Der Augenzeuge.
  st 797
Weiss, Peter: Das Duell. st 41
Winkler: Friedhof der bitteren
  Orangen. st 2171
Zeemann: Einübung in Katastro-
  phen. st 565
Zweig: Brasilien. st 984